忘れないよ! ヴェトナム

田口ランディ

JN286052

幻冬舎文庫

忘れないよ!　ヴェトナム　目次

本文イラスト　タケイ・E・サカエ

きっかけは「メコン川の夕陽」だった

ヴェトナムはね、個人的には全く興味のない国だった。

でもね、かれこれ10年ほど前に、友人の野村由美子が、お茶の水の聖橋《ひじりばし》の上でぼんやりとこう言ったのだ。

「ああ、メコン川の夕陽《ゆうひ》が見たい」

って。

私と野村由美子は、その当時同じ広告代理店に勤めていて、私たちは遅い昼飯かなんかを食べてから、ぶらぶら散歩してたんだよね。二人とも23歳で、人生に時間なんかありあまるほどあると思っていたから、暇つぶしばっかりしてた。

そしたら、彼女が聖橋に頬杖《ほおづえ》ついていきなり、

「ああ、メコン川の夕陽が見たい」

って言うわけさ。

「ねえ、メコン川ってどこにあるの？」

あたしはその時、メコン川の所在すらわからなくて彼女に質問した。

「チベット、中国、カンボジア、いろんな国を流れてるけど、最後に注ぎ込むのはヴェトナムだよ」

ヴェトナム……。

ヴェトナムと言えば、ヴェトナム戦争……としかイメージできない私にとっては、野村由美子のメコン川の夕陽は全く理解の範囲を超えており、ふうんとあいまいな返事をしただけだった。こいつったら、なんでそんなもんが見たいんだろ。さすがに早稲田出の才媛は言うことが違う。

でも、妙にそのことが印象に残った。

メコン川の夕陽ってどんななんだろう……って。

そして、10年の時がさらさらと流れて、いきなり去年のこと。

久しぶりに野村由美子から電話がかかってきた。

「メコン川の夕陽が見たい」
?
COF

野村由美子はお茶の水の会社にまじめに勤続し今や管理職である。私はと言えばとっくの昔に退職して、しがないフリーライター。仕事がない時はフリーターだ。

野村由美子はいつものごとく、簡潔に明るく言った。

「あたしさ、会社辞《や》めてヴェトナムに行くことになったの」

「へ？　なにしに？　旅行？」

「ううん。ヴェトナムの大学で日本語教師やるの」

なぜ、どうして、なんのために……。頭にでっかいクエスチョンマークが落っこちてくる。

その時、私はあの10年前の聖橋を思いだした。

そういやこいつ、メコン川の夕陽が見たいって言ってたっけ。

「へー、本当にメコンの夕陽を見に行ってしまうんだね」

私がそう言うと、

「なに、それ？」

と野村由美子がいぶかしげに言う。

「だって、あんたさあ、10年前にお茶の水の聖橋の上で、メコン川の夕陽が見たい、ってつぶやいたじゃない」

「ええっ、うっそー。あたしそんなこと言った？」

「言ったよ。覚えてるもん」

「あんたってば、よくそんなくだらないこと覚えてるわねえ」

確かにそのとおりである。私はなんでこんなことをわざわざ覚えているのだろう。人生にとって重要なことは他にもいっぱいあったはずなのに。

とにかく、野村由美子はあれよあれよという間にヴェトナム行きの準備をして、そして出発の日は近づき壮行会など催された。もちろん私も出席した。この時も私のヴェトナムに対する知識は10年前と同じ、全く進歩してなかった。ヴェトナムと言えば、戦争。「ジョニーは戦場へ行った」「プラトーン」「地獄の黙示録」である。

壮行会も佳境に入った頃に、主役の野村由美子が、なにやら紙袋を持って、私の席にやってきた。

「あのさー、部屋を整理してたらこの本出てきたんだけど、これって昔、田口から借りた本じゃないかなあ」

そう言って渡された紙袋の中には3冊の本が入っていた。

ジョン・アーヴィング『ガープの世界（上）』、『山岸涼子作品集』、そして『小鳥の歌―東洋の愛と知恵―』。

「あー、『ガープの世界』は下巻だけうちにあるから、あたしの本だよ。なんで上巻がないのかと思ってたんだ。山岸涼子作品集だって、懐かし〜。でも、この『小鳥の歌』っていうのは、あたしが貸したのじゃないよ、知らないもん」

「えー、ほんと？ でもこれ私が買ったんじゃないんだよね。じゃあ誰のだろう？ まあいいや、これもあげる。もう荷物まとめちゃったから貰《もら》って貰って」

「なんかやだなあ、誰のかわからない本を貰うなんて」

「だって、あんた古本屋でよく本を買うじゃない。それといっしょでしょ」

「まあ、そうだけど……」

というわけで、あたしはなんとなくその本を貰った。


1週間後、野村由美子は颯爽《さっそう》とヴェトナムに旅立って行った。

そういや、あいつったらなんで仕事辞めて、いきなりヴェトナムに行ったんだろう。バリバリ、キャリアウーマンやってたのになあ。

とうとう、本当のところを聞きそびれちゃったな。ま、人生いろいろあるんだろう。30過ぎた女のやることはなにかと不可解なもんである。

そして、あっという間に1年が過ぎた。

「ヴェトナムに行きませんか？」

と、突然電子メールが届いたのは、今年の5月の連休前だった。

それはダイヤモンド社のT編集者からで、ヴェトナムに行って旅行記を書いてみませんか？　っていうありがたい申し出だった。

ヴェトナムかあ、ヴェトナムって言えば、野村由美子がいるなあ。

真っ先にそう思った。

あいつがいるから、ちょっと安心だし、おもしろそうだし行ってみるかなあ。

そうだ、私もメコン川の夕陽ってやつを見てやろう。

実際、私はヴェトナムなんてこれっぽっちも興味なかったんだ。だけど、この時もやっぱり「メコン川の夕陽」っていう、野村由美子の10年前の聖橋の上のフレーズに、なんかひっかかって、それで行く気になってしまった。

この時、私は完全にヴェトナムをなめきっていた。

だって、自称ヴェトナム通にヴェトナムについて尋ねると、口をそろえてこう答えるのだ。

「すごく人間味のある国だよ。ヴェトナム人は親切で、あったかくて、日本人がすっかり忘れてしまった心を持ってる。しかもパワフルで活力に溢《あふ》れてて、今アジアで一番エキサイティングな国なんだ」

だからもちろん、私はヴェトナムに行ったらヴェトナムが大好きになるに違いないと思った。ヴェトナム人の笑顔に迎えられ、ヴェトナム人のアイドルになって、温かな心の交流と優しいもてなし。夢のような1カ月が過ごせると信じて疑わなかったんだよね。

▼

私のヴェトナム行きをコーディネイトしてくれたのは、オフィス・ボランの藤井博之君である。

私は藤井君に、チケットと、ビザと、ホテルと、ガイドとすべての手配を押しつけて、出発1週間前まで、沖縄でダイビング三昧《ざんまい》していた。藤井君は私がマンタと遊んでいる間に、めんどうな手続きをすっかり片づけてくれたのだ。

藤井君っていうのは、一風変わった青年だった。

彼のオフィス・ボランという会社は旅行代理店であり、藤井君は弱冠23歳にしてそこの社長である。知人の知人のまた知人の紹介で知り合った。

藤井君は、中学の時に自転車で日本一周を2回しているという。

高校の時に麻布のバーのオーナーに気にいられ、バーテンのバイトをしながら女の扱いとサービス業の奥義を学ぶ。その後、世界を放浪して歩き、とある金持ちの事業家に拾われて、資金を援助してもらい、弱冠23歳にして会社を興した……という、まるで小説の主人公みたいな青年実業家である。

すらりと背が高く、肩幅もあり、なかなかハンサム。身振り手振りが大きくて、アグレッシブで、パワフルにしゃべりまくる。ちょっと日本人離れしたタイプだ。

そして、藤井君は、自他ともに認めるものすごいヴェトナム・フリークだった。

ヴェトナムには年間20回くらい行くそうだ。

「田口さん、ヴェトナムはおもしろいですよ」

「ふーん、そんないいとこなんですか？　ヴェトナムって」

「そりゃあもう、夜歩いているだけでワクワクします。ホーチミン・シティじゃあ、夜になると街全体が暴走族の集会所みたいになっちゃうんですから」

「暴走族……ですか？」

「そうです、あそこは国民全員暴走族です」

その言葉の意味も、行ってみてなるほどと思い知った。

「それにね、日本の女性はヴェトナムにはまりやすいんです」

藤井君がにんまり笑う。

「な、なんでですか？」

「ヴェトナム人の男性はね、ものすごく口がうまくて親切なんですよ」

「イタリア人みたいにですか？」

「あんなもんじゃありません。たとえば、僕がヴェトナム男だとしましょう。コーヒーが運ばれてくる。まず、お砂糖いくつ？　と聞いて女性のカップに砂糖を入れてあげる。そして、くるくるかきまわして、さあどうぞ、とあなたの前に置く。さらにカップの底にコーヒーがついていたらナプキンで拭《ぬぐ》い、ミルクは？　おかわりは？　と至れり尽くせりの逆ハーレム状態。お菓子があれば、食べやすいように取り分けてさらに細かくちぎり、あ～んとお口まで運んでくれます。女性には何もさせません。まさに上げ膳《ぜん》据え膳」

「うっそ～」

「本当ですよ、藤井嘘つかない。そして目を見てつぶやくんです。あなた美しい、好きです、愛してます」

「ほんとですかあ？」

「本当です。これにはまって、ヴェトナムに通い詰めている日本女性が何人もいるんです。田口さんもどうか気をつけてくださいね」

「はあ……。で、ヴェトナム男性は本気で口説いているんでしょうか？」

「本気というか、恋の気分を楽しみたいって感じじゃないでしょうか。なにしろヴェトナムの女の子はオクテで堅いんですよ。目を見合わせたらもう恋人、手をつないだら結婚前提のおつきあい、って感じですからね。でもってヴェトナム女性は嫉妬《しっと》深くて気が強い。うっかり手が出せません。そこにいくと、日本女性は恋愛慣れしてるし、いきなり結婚とかってことにはならない。なんとなく雰囲気を楽しめる」

「エッチ目的ってわけじゃないんですか？」

「そりゃあ、男だからやりたいでしょうけど、それが目的じゃないですね。ヴェトナムの男は気が小さいですから、女性が怒って『やめなさい』って言えば、それ以上は手だししてきません」

どうやら、優しくされたい日本女性と、恋がしたいヴェトナム男性の利害関係が一致しているようだ。うーむ。ヴェトナムのやさ男との燃えるひと夏の恋。それもいいかもしれない……などと私はおめでたいことを夢想する。

気をつけろと言われると、よけいそそられてしまうのが人情ってものじゃあないですか。

さて、藤井君は自分の会社の事務所をヴェトナムに持っている。そこには日本人スタッフが2名と、ヴェトナム人スタッフが2名いるのだそうだ。

「ヴェトナムでは、現地のシャレコウベ山田と、パンチ鈴木に何でも相談してください」

「頼もしいなあ」

現地で日本語が通じるというだけで、私はほっとする。なにしろ私の知ってる限り、頼りになりそうなヴェトナムのガイドブックって『地球の歩き方　ベトナム』編しかないんだもん。

そして、ご親切にも藤井君は自分の事務所が置いてあるミニホテルの一室の、まさに事務所の真ん前の部屋を私の部屋として押さえてくれていたのだ。

「田口さんが部屋のドアを開けると、そこになんと、オフィス・ボランの事務所があります。もうスープの冷めない距離に下僕が二人住んでると思ってくださってけっこう。事務所の中には醤油も素麺《そうめん》もラーメンもカレーもありますからね。ワープロも、ラジカセも自由に使っていいですよ」

おお、なんと至れり尽くせりなのでありましょう。これで私のヴェトナム取材はばっちりだわ、となんだかもう終わったような気にまでなってしまう私。

「たぶん僕も来月行きますから、ヴェトナムで会いましょう！」

そう言って、藤井青年はさわやかに笑い、私にチケットを手渡してくれた。

沖縄から帰って来たのが7月4日。

藤井君からチケットを受け取ったのが7月6日。

出発は7月10日。わずか1週間でバタバタと準備をし、壮行会と称して飲み歩き、結局、何の下調べもしないままに、二日酔いの頭でヴェトナムに向けて出発することになってしまった。

唯一、藤井君から吹き込まれた情報だけが、私のヴェトナム知識であった。

出発前に野村由美子に連絡しようと思っていたんだけど、野村由美子の住所と電話番号のメモが見つからない、あれれどこにやっちゃったかなあ……とほっておいたら、とうとう出発の前日になってしまった。

部屋中ひっくり返したあげくに、やっとメモが出てきたのは荷造りも終わった頃。野村由美子が壮行会でくれた謎の本『小鳥の歌』、そのページの間から、ひらりとメモが落ちてきたのだ。

私はメモを再び本に挟んで、本ごとトランクに放り込んでマグネットキーをかけた。そして六本木で午前2時まで酔いつぶれた。

翌日、藤井君が手配してくれたとおり、羽田から関西新空港に飛び、そのままヴェトナム行きの直行便にトランジットしてヴェトナムへ。

二日酔いなので機内食も食べずにぐうぐう寝る。シートベルトを締めてください、とスッチーに起こされて慌《あわ》てて飛び起きる。

およよよよ、もう着いたの？

あっけないほど近いヴェトナムに拍子抜けした。『地球の歩き方』も読み終わらないうちに、飛行機はすでに着陸態勢へ。

どれどれと窓の下を見下ろすと、現われた空港は、空港というよりも牧場のようだ。格納庫は牛舎並みの掘っ建て小屋。

午後9時。日本との時差、わずか2時間。

降り立ったヴェトナムは、予想に反して涼しかった。

なんか、寒いなあ……。

飛行機の強すぎる冷房で、なんだか着く前から風邪をひいたみたいだった。頭が痛いのは風邪のせいなのか、はたまた二日酔いのせいなのか……。

私は雨雲が立ちこめるヴェトナムの夜空を見上げた。

ごおおおおっって、遠くで気流が鳴っている。

ともあれ、こうして私のヴェトナム旅行は始まったのである。

窓のない部屋と絶望の臭い街

「この部屋なんですけどね」

とドアを開けて通された部屋は、広かった。

ドンドーンとベッドが二つ並んで置いてあって、ドレッサーと冷蔵庫とテレビとエアコンがあった。ヴェトナムの中級ミニホテルである。

「広い～」

私が感心していると、すかさずパンチ鈴木が言った。

「もちろん、ホットシャワーですよ」

ヴェトナム空港を出ると、オフィス・ボランの鈴木大二郎さんと山田茂治さんが迎えに来てくれていた。挨拶《あいさつ》もそこそこにタクシーに乗り込み、約20分ほどでホテルへ。

ホテルと言っても、ミニホテルというやつで、部屋数は4室しかない。1階には二つのオフィスが入っていて、2階、3階にそれぞれ2室ずつ部屋がある。その一つがオフィス・ボランの隠れ事務所になっていた（どうも公式にヴェトナム政府から認可されていないもぐり営業だったらしい）。

パンチ鈴木は23歳、藤井君と同じ年だ。濃いパンチパーマ（実は天然パーマ）の髪の毛に、濃い眉毛《まゆげ》。ずんぐりした熊さんみたいな青年だった。もともとヴェトナムの旅行代理店でツアコンをやっていたのだが、藤井君と知り合ってオフィス・ボランに転職したのだそうだ。彼は斜視で、なんだかどこを見ているのかわからない。しゃべっていると不思議な気分になる青年だった。

シャレコウベ山田は40歳くらいの地味なおじさん。野ざらしの骸骨みたいな風貌。かつて大手メーカーのエンジニアだったとのこと。どういう事情か会社を辞めてぶらぶらしているところを、藤井君の出資者である事業家の大先生に拾われたのだそうだ。で、その大先生の命を受けて、ヴェトナム事務所の手伝いに来ているらしい。

いったい二人がヴェトナムで何をやっているのか私には知るよしもない。オフィス・ボランの仕事って何なのかもよくわからない。

藤井君は「ちょっと変わった企画もののツアーを仕掛けていこうと準備しているんですよ、

ムフフフ」と語っていた。しかも、その「変わった企画もの」ってのは「風俗がらみツアー」みたいだった。なんにせよ、オフィス・ボランは立ち上がったばかりで、私はその栄えあるお客第一号なんだそうだ。

私はトランクを運び込み、ふうと溜《た》め息《いき》をついてベッドの上に座った。

確かに広くていい部屋だけど、何か落ち着かないものを感じた。なんだろう、この嫌な、圧迫感は……。

私は部屋を見回し、そして叫んだ。

「窓がない！」

うっかりしてた。夜だから気がつかなかったんだ。この部屋には窓が一つもないんだ。

私は慌てて飛び出し、オフィス・ボランのドアを叩《たた》いた。

ドンドンドンドン。

「どうしました？」

パンチ鈴木がドアを開けた。

「あの、あの、あの部屋、窓がないんです」

私がそう言うと、パンチ鈴木はきょとんとして答えた。

「それがどうかしましたか?」

彼は視点の定まらない目を私に向けて黙っている。

「いえ、窓がないと、外が見えなくてさみしいなあ……と」

「外はバイクの音でうるさいですよ。それに泥棒の心配がないからかえって安全なんです」

「はあ……」


再び、部屋に戻った私は、部屋の中をくまなく歩き回って風の通り道を探した。

ところが、この部屋には換気扇もたった一つしかない。シャワー室の換気扇だ。しかも、それは故障していた。

つまり、この部屋には風が全く通らないのだ。

私にはちょっと変わったところがあって、風を抜かないと気分が悪くなってしまうんだよね。閉め切ったところが大嫌いなの。

風の通らない場所に幸運は宿らない、これは私の持論。哲学だ。

ヴェトナムでいいホテルなんて期待しない。お湯も出なくていい、エアコンもいらない。

テレビも、冷蔵庫もいらない。

ただ、窓さえあれば、窓さえあれば私はいいのに……。


その夜、私は十数年ぶりに金縛りにあった。

夜中、部屋の中にまがまがしい気配を感じ、体を起こそうとするのだけれどどうしても体が動かない。

(ああ、この部屋にはやはり何かが取り憑《つ》いてる。風が流れないからだ)

と、夢うつつで思っている。

いきなり、髪の毛をつかまれた。

(ぎゃあ、やめて~)

誰かが私の髪の毛をつかんでぐいぐい引っ張るのだ。痛い、という感覚はなくて、ただ髪のつけ根にしびれたような感触が残る。

(ヒー、怖いよう怖いよう)

私は呻《うめ》いてベッドから転げ落ちる。腰が重くて歩くことができない。しかたないので這《は》っていく。やっとオフィス・ボランの扉までたどり着き扉を叩くと、冬眠明けの熊みたいな顔でパンチ鈴木が出てきた。

「鈴木さん、出たわよう」

私が怒ってそう言うと、鈴木さんは斜視の目を見張って、

「やっぱり出ましたか？」

と答える。

(何がやっぱりよ、馬鹿！)

そこで、はっと目が覚めた。

夢だったのだ。私はスタンドもつけっぱなしでうたた寝していたのだ。

体が汗でぐっしょり濡《ぬ》れていた。

時計を見ると、朝の7時半のようであった。

窓のない部屋は、当然のことながら朝になっても真っ暗だった。

このように、私の記念すべきヴェトナムの第一日目は、金縛りと悪夢による寝不足で始まった。

起きてシャワーを浴びて着替えて、ドアを開けるとどうやら晴天のようだ（このホテルの

階段の天井は白いビニールトタンでできていて、陽の光が透けて見えるのだ)。

階段を下りて、小さなフロント(ほとんど風呂屋の番台)へのガラス扉を開けると、

「オハヨウゴザイマス」

といきなり日本語で挨拶された。

フロントで働いているチェイは25歳の美人で、ホテルの仕事が終わった後、日本語学校に通って日本語を勉強していた。

「アナタハ、今日、ドコへ行キマスカ?」

ニッコリ笑って聞かれた。

「えーと、私は、散歩に、行ってきます」

ホテルの前はリートゥチョン通りに面していて、まだ朝8時だというのにバイクがひっきりなしに走っていてうるさい。なんというか、蠅叩きで叩き落としてやりたくなるようなうっとうしさだ。

気温はたぶん28度くらい。湿度が高い。晴れているのに雲が多い。どんよりむわっとして、いかにも雨期……という天気。

そして、臭い。

いったいこのニオイはなんだろう、と私はあたりを見回した。猫のおしっこと腐った果物が入り混じったようなニオイだ。歩いていると、そこにさらにいろんなニオイが混じり合ってくる。

ヴェトナムは臭い！　これが私の第一印象だった。もちろんガイドブックには書いてない。

私はTシャツに短パン姿でぶらぶらと通りを歩いていた。すると、ヴェトナム人がいぶかしげに私を見る。じろじろ見る。にこりともしないで見る。

（なんだよお、ヴェトナム人は人なつっこくて親切って聞いてたのに嘘じゃないか〜）

特に、ヴェトナム男の視線が私は怖かった。

真っ黒な顔に目だけがぎょろぎょろと白く光っている。薄汚い格好をして裸足の人も多い。みんな痩《や》せている。みんな私を怒ったような目で見る。初日にして「ヴェトナムのやさ男とひと夏のロマンス」は崩れ去った。

私はお腹《なか》がすいていて、何か食べたいなあと思っていたんだけど、歩いても歩いても私が食べられるような店がない。

至るところにフォーという米の粉で作った麺の店があるし、露天にプラスチックの椅子を並べた粗末なカフェがあるのだけれど、なんだか気後れして入っていけないのだ。

店のテーブルの下には食いこぼしたカスが散らばっていて、それを痩せた犬がガツガツむさぼっている。そこかしこから饐《す》えた臭《にお》いが立ち上っている。テーブルの上はべとべとと食いカスで汚れて、そこに蠅がたかっていた。


さらに歩いていると、みすぼらしい身なりのシクロの運転手がひっきりなしに寄ってくる。シクロっていうのは、あのヴェトナムの名物「自転車タクシー」だ。

シクロの運転手っていうのは、だいたい数人で木陰にたむろしていて、旅行者を見つけると「カモが来た〜」とばかりに寄ってくる。

「ハーイ！」と手をあげて声をかけてきて、

「ワンアワ、ワンダラ、ワンアワ、ワンダラ」

とお経のように下手な英語で唱えるのである。

彼らはしつこい、うるさい、汚い。

そして、やたらと手とか肩に触ってくるので、ものすごく不愉快だ。歩きながら振り払い、ぶった切り、怒鳴り散らしても、次から次へとボウフラみたいに湧《わ》いて出てくるの。

とにかく怖かった。見知らぬ土地で、言葉のわからない、痩せたコヨーテみたいな男たちがわらわらと自分にたかって来てごらんなさい、ヤメテーと言って逃げ出したくなりまっせ。お願い触らないで、来ないで、ほっといて！

というわけで、私のヴェトナム第一日目の朝の散歩は惨敗に終わった。

ヴェトナムは臭い。

ヴェトナムは怖い。

ヴェトナムはうるさい。

この街のどこがいいのか、そん時の私には、ほんとにさっぱりわからなかった。

▼

私はあたふたとホテルに逃げ帰って来た。

もちろん朝食は食べられず、冷蔵庫に入っていたセブンアップで気を落ち着けて、それからオフィス・ボランの扉を叩いた。

「鈴木さ～ん、お願い。ガイド探して」

とにかく、早く街に慣れてしまわなければ何もできない。歩いただけでビビっているようでは、この先取材どころじゃないよね。でも、やっぱり一人で歩くのは怖い……。

私は態度はデカいが、気は小さいのである。気が小さいから強がっているのかもしれない。弱い犬ほどよく吠《ほ》えるって言うじゃないですか。

「んーと、どういうガイドがいいですか?」

パンチ鈴木は事務所の奥の部屋から歯を磨きながら出て来た。

「えっとね、若くて、なるべくフツーな感じの女性のガイドがいいな」

で、やって来たのがクエさんだった。

クエさんは、ホンダ(ヴェトナムではバイクのことをホンダと呼ぶ)にまたがり、黒いサングラスをかけていた。二の腕まで隠れる長い手袋をはめ、そして女銀行強盗のようなピンクの三角巾(レースの縁取り付き)のマスクをしていた。ブランド物のバッグを肩から斜めに掛け(ひったくり防止のため)、そして、そのバッグの中にはキャリアウーマンの証《あか》し、携帯電話が燦然《さんぜん》と輝いていた。

彼女は日本語学校に通って日本語を勉強し、今は日本語の通訳として福岡に本社がある家

クエさん（26）

ヴェトナムのキャリアウーマン。
「化粧品は何を使ってるの？」と聞いたら、
「私の肌には資生堂が合うの」と答えた。
シャンプーを買う時は必ず匂いをかぐ。
ヴェトナム女性の常識だそうだ。
日本人男性は……あまり家事を
やってくれそうにないから結婚相手としては

なのだそうである。

具会社のヴェトナム事務所で働いているのだそうだ。

私は日本で「英会話学校に通って英語がしゃべれるようになった」という友人に会ったことがないので、なんでヴェトナム人がこんなに日本語がうまくなれるのか不思議でしょうがなかった。

が、その理由はすぐわかったけどね。

彼らの日本語（英語でもいい）は、趣味じゃないんだ。全人生がかかっている。日本語通訳の給料は普通の勤め人の約3倍だ。しかも需要はうなぎ登り。就職難のヴェトナムで、語学だけが若者の頼みの綱なのだ。勉強しようという意気込みが、私たちとは全然違う。

クエさんは流暢《りゅうちょう》な日本語で私に言った。

「まず、どこに行きましょうか？」

私は叫んだ。

「お腹すいたよー。なんか食べたいよー」

彼女は、私をホンダの後ろに乗せると、さっそうとホーチミン・シティを駆け抜けた。バイクに乗って街を走ると風が気持ちいい。確かに快適だ。ホーチミン・シティは狭い街なのでバイクがあれば街中どこでも20分足らずで行き着ける。

「怖くありませんか？」

「大丈夫、大丈夫、すごく気持ちいいね～」

私たちはヴェトナム名物のフォーの店に入った。

彼女が店の人に何か注文すると、しばらくして牛肉のフォーが出てきた。

「日本人はあまり脂《あぶら》は好きでないと思って、牛肉にしました」

そう言って、クエさんは私に箸《はし》を渡してくれた。ティッシュも、氷抜きのセブンアップも、頼む前から出てきた。魔法みたいだった。

彼女は完璧な仕事をしてくれた。私は彼女に連れられて市内を観光したけど、ほとんど頭も体も動かす必要がなかった。まっこと、至れり尽くせりである。

でも、でも、でも、パーフェクトなガイドであったにもかかわらず、私は「明日は用事があるから」と言って翌日のガイドを断った。彼女はちょっと不本意そうだった。今朝は3日間という約束でガイドを頼んだのだから。

実は私は、すご～く不愉快だったんだ。

この日、一日、クエさんは私に何もさせてはくれなかった。あらゆる場所で、私の代わりに交渉し、お金を払い、手際良くすべてを処理してくれた。私はヴェトナム第一日目を、ただ茫然《ぼうぜん》と受け身で過ごした。

そして、そのことは私を予想以上に疲れさせていた。一日中、私は無能な旅行者として、彼女の後ろをくっついていただけだった。彼女以外の誰ともコミュニケーションできなかった。一人の知り合いもつくれなかった。

クエさんは素晴らしくパーフェクトに世話を焼いてくれたけれど、それが私のプライドを傷つけていることにも、私の旅の楽しみを奪っていることにも気がついてはいないのだ。

でも、彼女は自分の仕事に確固とした自信があるようだった。

「日本人は世話をされるのが好き、自分でやるのは嫌い」

クエさんは仕事を通してそのことを学んでいるのだ。そして、それを私にもあてはめてきた。たぶん彼女は日本のおエライさんがヴェトナムにやって来た時と同じサービスを私にもしてくれたんだろう。

私は、サンドウィッチを自分で選ぶこともできなかった。

「ここで待っていてください、私が買ってきます」

でも、私は彼女の強引さになぜか逆らうパワーがなかったのだ。

私はただぼおっと、パンを買う彼女を見ていた。

確かにそのパン屋は人気のパン屋でものすごい人だかりだった。だから、ヴェトナム語が話せない私が交じってもパンは買えないかもしれない。

彼女が買って来てくれたパンは、私が欲しいバケットのサンドウィッチではなかった。

「他に欲しいものはありませんか？」

私は黙って首を横に振った。

それから、部屋に帰って、パンを食べて、ベッドに入った。

つまらなかった。

その夜、微熱が出た。

そして、次の日は咽《のど》が痛くて、私は本当に寝込んでしまったのだ。

『小鳥の歌』は我をメコンに導きたもう

一日中ベッドから起きられなかった。

暗いので、朝なのか夜なのかよくわからない。

オフィス・ボランのシャレコウベ山田が、心配して素麺《そうめん》を作ってくれた。ヴェトナムに来て3日目から日本食である。情けない……。

熱を下げるために、エアコンを切って汗をかき、3回着替えをしてシャワーを浴びた。

夢ばかり、とりとめもなくたくさん見た。

何度目かの目が覚めて、ぼおっとする頭で、私は野村由美子のことを考えていた。

そうだ、野村由美子に電話しなくっちゃ。

起き上がってトランクの中から、野村由美子の電話番号を挟んだ本『小鳥の歌』を探しだす。

電話をすると、そこは大学の事務所らしくって、日本人の声で留守番電話が入っていた。私はホテルの電話番号を留守録に吹き込んで「電話くれーっ」と告げると電話を切った。

寝すぎて、背中が痛い。

時計を見るともう午後8時だ。私は自分の体調の悪さにうんざりする。なんで私は寝込んだりしてるんだろう。いつもはあんなに元気なのに……。

ふと『小鳥の歌』に目をやる。手にとって、しみじみと眺めてみた。

『小鳥の歌』　アントニー・デ・メロ著

いったい、この本ってなんの本なんだろう。

発行元を見る。「女子パウロ会」……へんなところ。

ページをめくってみると、最初に「この本の読み方」という項目があった。

(前略)この本のなかには、たくさんのお話があります。(中略)これらのお話には、それなりのおもしろさがあります。しかし、もし特別の方法で読まれるなら、あなた方を霊的に成長させてくれるでしょう。

特別の方法で読むって、どういうことだ? なんだか変わった本だなあって思った。

(中略)お話を一日中あなたといっしょに持ち歩き、その香りやメロディがあなたにつきまとうままにしておきなさい。頭脳にではなく、あなたの心に話しかけさせるのです。(中略)これらの話の大部分は、もともとこうした神秘的な目的のために語られたものです。

神秘的な目的ってなんだろう?

さらに「注意」という項目があった。

★注意
お話を、（中略）あなた自身以外のだれかに当てはめぬよう気をつけなさい。もしそうするなら、その話はあなたにとって霊的な損失となるでしょう。これらの話のひとつひとつは、他のだれのためでもない、〈あなた〉のためなのです。

私は、そのまま読み続けた。
ページをめくると第一話が始まった。

あなた自身の果物を食べなさい

そこにはそう書いてあった。

〈師〉は言いました。
「もしも、だれかがまえもってかみ砕いておいた果物をあなたにくれたとしたら、あなたはそれが好きになれますか？」

その時電話が鳴った。

びっくりして受話器を取ると「デンワデゴザイマス」との声。返事をする間もなく、いきなり野村由美子と切り替わった。

「もしもし？　田口？」

「おー、由美子、元気？」

「あんた、来るんなら前もって電話しなさいよ、びっくりするじゃない。いつこっちに来たの？」

「おととい」

「何してんの？」

「寝込んでる」

「はあ？　なんで？」

野村由美子はすっとんきょうな声をあげた。

「ねえねえ、あたしさ、来たとたんヴェトナム嫌いになっちゃったよ、どうしたらいいだろう。あと1カ月もここで暮らさなくちゃならないのに、もうへどが出るほどヴェトナム嫌い。

ヴェトナム人もしつこくて大嫌い」

私は、いかにヴェトナムに来て体調が悪いか、ヴェトナム人が無愛想か、窓のない部屋は不快か、ここがつまらないかについてまくしたてた。熱でイライラしているので、話すことすべて恨みがましい。気分はすっかり慰めてほしい病人なのだ。

「あんたらしくないわねえ」

野村由美子は半ばあきれ果ててつぶやく。

「なんか調子出ないのよねえ」

私は溜め息をついた。

「あのさ、思うにあんたはその場所と合わないのよ。だいたいいま電話したら、フロントが日本語で応対したもんでびっくりしちゃった。そんな日本語が通じるとこにいたらダメよ。ましてや日本人がいるとこに滞在してちゃダメ。日本語がわかるヴェトナム人を相手にしてちゃダメ。みんな日本かぶれしてて痒《かゆ》いところに手が届きすぎるのよ。とにかく、すぐそこを出て田舎に行くべきよ」

「田舎?」

「そう、メコンデルタの、ヴェトナム語しか通じないようなとこ。ぎゅうぎゅう詰めのバスに乗って、とてつもないど田舎に行って、熱帯雨林ジャングルに分け入るのよ。本当の濃ゆいヴェトナムがあるから。ホーチミンは東京といっしょだもん、東京嫌いのあんたには向かないに決まってる。都会を離れなさい。毎日生きることに追われていれば風邪なんかぶっ飛ぶわよ。緊張感がないから寝込むの」

うーむ。相変わらず野村由美子は立て板に水の正論を吐く。

「メコンデルタって、おもしろいの？」

「少なくともホーチミン・シティよりはね」

そうかあ、メコンデルタか、なんかそそられる響きだなあ……、と、私はすでにその気になりつつあった。

「由美子が住んでるとこは、こっから遠いの？」

「けっこう遠い。フエってとこ。中部の街なんだ。でも、あたしいないよ。来週から日本に帰省するんだもん」

「えっ？　まじー？」

「だって、大学は夏休みだもん。日本に帰ってうまい生ビールぐびぐびやるんだ」

「そーかー、会えないのか」

「8月いっぱい日本にいるから、日本で会えばいいじゃん。どこで会ったって同じだよ、世界は狭いんだから」

「それもそーだなあ」

何か言われるとすぐ納得しちゃうのが私のとりえでもある。

「とにかく、さっさとホーチミン・シティを離れな。そんで、メコンを目指せ若人よ」

「はあ、有益なアドバイスをありがとう。そうするわ」

「じゃーね、また日本で」

「うん、ばいばいね」


ガチャンと受話器を置いてから、私は朦朧《もうろう》とした頭で考えた。

(メコンデルタって、どうやって行くのかなあ……)

トランクの中から『地球の歩き方』をひっぱり出して、再度、熟読する。

(やっぱり、バスかあ……)

しかし、私にはあの恐ろしいヴェトナム人といっしょにバスに乗る勇気はまだこの時なかった。

(藤井君は、どっか行く時は車とガイドをチャーターすればいいって言ってたなあ……。でも……)

私は、もう一度、ベッドの上に投げ出した『小鳥の歌』を取り上げてさっきのページを読み直した。

あなた自身の果物を食べなさい

「もしも、だれかがまえもってかみ砕いておいた果物をあなたにくれたとしたら、あなたはそれが好きになれますか?」

絶対に嫌だ、って思った。人がかみ砕いた果物なんて、気持ち悪い。

でも、あたし自身の果物って、何だろう……。

さらに、言葉は続いていた。

「あなたの代わりに、あなたの意味を見つけられる人はいないのです。」

翌日。

あたしは『地球の歩き方　ベトナム』編を持って、ドンコイ通りを目指して歩き始めた、……つもりだった。

とにかく、寝てちゃダメだと思ったのだ。

寝てたら何も始まらない。誰とも出会えない。こんな暗い部屋にこもってたって、気分が悪くなるばっかりだ。

だから無理して起き上がって、ヴェトナムで一番賑《にぎ》やかな通りだっていうドンコイ通りを目指した。この通りには外国人向けの小綺麗なカフェやレストランもたくさんあるらしかった。そこでひとまず、栄養のつくもんでも食べて元気になろうと思ったのだ。

ところが、どうしたわけだか道を間違ったらしい。

歩いても歩いてもドンコイ通りにはたどり着かず、リロイ通りなるところに出てきてしまった。熱っぽくてぼおっとしていたのかもしれない。なんだか汚い民家の立ち並ぶさびれた通りに迷い込んでしまってちょっと怖い。朝10時に出てきて、炎天下を2時間もさまよい歩いていた。

なるべく人通りの多い方を目指して歩いてみると、ホテルがあって、その前にカフェが2軒並んでいた。英語で「ランチメニュー」って書いてある。一人のヴェトナム人の若者がメニューを抱えて私を手招きした。

私はなんだか、招かれるままにその店にふらふらと入って、入り口に一番近いテーブルにどっかりと座った。ひどく疲れてた。

ああ、ヴェトナムって歩くだけで疲れる。

なにしろ、道路は完全な無法地帯、信号もなければ横断歩道もない。そして、佃煮にしてやりたいほどのバイクがひっきりなしに走っている。その、暴走バイクの群れを、いちいち横切って、道を横断しなければならないのだ。

ヴェトナムのカフェってのは、日本の海の家の食堂みたいな感じなのね。道路に向かってオープンになってる。ビールを注文して、ぼおっとしていると、私のすぐ後から日本人らし

TOURIST
BÁNH XÈO
A PHỦ
CÁC MÓN ĂN ĐĂC SẢN
Cá Lóc
HẤP
NƯỚNG
Bò
LÁ LỐT
NHÚNG DẤM
79 Nguyễn Trãi ĐT: 394211

い男の子が店に入って来た。すらあっと痩せてて背が高く、今風のダボダボのバミューダパンツはいてて、ミッキーマウスみたいなかわいい男の子だった。しかも、私みたいにオドオドしてなくて、妙に旅慣れた感じだ。

「あの、あの、日本人ですか？」

私が声をかけると「あ、あなたも？」と言って、彼はこっちのテーブルに移ってきた。

「いつ、ヴェトナムに？」

「僕は4日前。でも、もう2時の飛行機でタイに飛ぶんだ」

「そうなんだあ、あたしは3日前に来たところ。ホーチミン以外どこか行かれました？」

「昨日、シンカフェのワンデイツアーで、メコンデルタに行ってきたんだけど、すごくよかったよ」

えっ、えっ、えっ、私は耳を疑った。今、メコンデルタって言ったよね？

「メコンデルタ行ったんですか？　あたしも、行こうと思ってるんですよ」

「だったらさ、シンカフェのメコンツアーで行くといいよ。2泊3日のメコンツアーがなんと20ドルだって。僕は1日ツアーしか行かなかったんだけど、それでもすごく充実しててよかったよ。あれはおすすめだよお」

「その、シンカフェってどこにあるの？」

「この通りを真《ま》っ直《す》ぐ行った右手にあるから帰りに寄って行ったら？」

ああ、きっと、ドンコイ通りに行こうとして道を間違えたのは、神様のお導きだと私は思ったね。これはもう、この男の子の言うとおり、シンカフェっていうとこのメコンツアーに行ってみるしかない。

いろいろ話を聞いてみると、彼は中国の北京《ペキン》に留学しているのだそうだ。夏休みを利用して、北京からアジアを旅行して回っているという。

「なんで中国に留学してるの？」

するとは彼はこう答えた。

「いろんな国を旅行したけど、中国が一番最低だった。中国でこてんぱんに騙《だま》されてひどい目に遭《あ》った。あんまり悔しかったから、中国語をマスターして、絶対に中国人に騙されない人間になってやろうって誓ったんだ」

「ええっ？　じゃあ、中国人を見返すために中国に留学してるの？」

「うん。北京にいる日本人留学生は、割とそういう奴多いよ」

「信じられない……」

「ヴェトナムは、どうだった？　おもしろかった？」

私がそう聞くと、彼はちょっと暗い顔をした。

「実はね、昨日、ものすごくタチの悪いスリに遭って、ヴェトナムにこれ以上いるのが嫌になって、もう発作的にチケットを買ってしまったんだ。ほんとはもっと長くいる予定だったんだけどね」

なんでも彼は、一晩に2回たて続けに、スリに遭ったのだそうだ。最初は売春婦風のスリで、寄ってきて彼のポケットから財布を抜いた。それに気がついた彼が手をねじふせて「警察に行くか？」と脅すと、女は泣いて謝るのだそうだ。もちろん、そのまま許した。

また、歩いていると、今度は3人の子供の物売りが近寄って来た。男の子二人と、4歳くらいの女の子だ。女の子はすごくかわいい子だった。男の子二人が、まず笑顔で近寄って来て、彼の目の前に地図を広げた。女の子は、彼になつくかのように手をつないで来た。そして、彼が男の子二人をあしらっているうちに、女の子がポケットから財布を抜き取った。

この時も、彼は気がついて、こっそり去って行こうとする女の子を追いかけてつかまえた。

女の子は泣き叫んで、ヴェトナム語で彼を罵倒《ばとう》したそうだ。彼には女の子がなんて言っているのかわからなかったけど、自分を睨《にら》み付け、まるで責めるかのように何かを叫び続ける子供の顔を見ていたら、どうにも気分が悪くなって、一刻も早くこの国を出たいって思ったのだそうだ。

「じゃあ、僕、飛行機の時間があるからもう行くね」

彼はしゃべりながら、お粥《かゆ》とフルーツをきれいにたいらげると立ち上がった。

「どうもありがとう。いい旅をね」

「君もね」

それから、私は彼に教えられたとおり、シンカフェを探して歩きだした。

シンカフェのあるファングーラオ通りは、ヴェトナムの「カオサンロード」って呼ばれていて、外国人旅行者向けの安宿街なのだそうだ。そして、シンカフェはヴェトナムで最も歴史のある「バックパッカー御用達」のカフェ。言うなればヴェトナム旅行者の情報基地であるらしいことを、私は後に知る。

歩いていくと、どんどん外国人の数が増えていく。まるで、この通りだけヴェトナムじゃないみたいだ。やたらと白人観光客が多い。

そして、目的のシンカフェの前に行って驚いた。

だって、このカフェは、お客が全部白人だったんだもの。

店内は店員以外、すべて白人。英語があまり……というか全然得意じゃない私としては、ものすごい威圧感を感じた。ウヘーである。

きょろきょろ店内を見渡すと「ツアーインフォメーション」という看板を掲げた机に、一人のヴェトナム人が座っていた。

「メコンデルタツアーのパンフレットください」

と言うと、彼はA4サイズの粗末な手作りのパンフを1部くれた。

テーブルに座って、食い入るように見る。ふう、これまた英語だ。

メコンデルタ3泊4日ツアー　20ドル

英語ガイド付き、食費別、エアコンバス

毎日出発　朝6時40分　シンカフェ2集合

わーい、これだこれだ。

とにかく、メコンデルタがどんなもんか、ツアーで行ってみよう。時間はたっぷりあるんだ。まずこれで下見して、それからじっくり自分のコースを考えればいいや。

出発はいつにしよう……。私はすぐその場であさって出発のツアーを申し込んだ。

あっけなかった。20ドル払って、名前を記入したら、集合場所の地図をくれた。ここに時間までに来てねって念を押されて、それでおしまい。

「あの……、ツアーに参加するのはみんなアメリカ人？」

ツアー係はパラパラと名簿をめくって、私の顔を見た。

「いや、フランス人、オランダ人、スウェーデン人もいるよ。それと、日本人、あんただけど」

そう言って彼はげっげっげって笑った。

正直に言うけど、私はヨーロッパって行ったことがない。ましてや、フランス人にも、オランダ人にも、スウェーデン人にも、この人生の中で一度も知り合いになったことはなかった。

ヴェトナムに来て、まず知り合うのがヨーロッパ人か……。

ヴェトナムに来ていながら、なぜかヴェトナムはとても遠いのだった。

不思議な出会い、奇妙な旅

メコンデルタツアーを申し込んでから、私はちょっと元気になった。

何か目的を持つと、人って元気になるんだな。

ホテルの裏にあるカフェで買い物のリストアップをしていると、そこにシャレコウベ山田がやって来た。

「お、おはようございます、田口さん」

山田さんはしゃべる時にちょっと緊張する。

「おはよう、山田さん」

彼は私の前に座ると、カフェのオババに向かって人指し指を突き出して「カヘ」と怒鳴った。ふーん、これでも通じるんだ。私は「コーヒー」って怒鳴っても通じなくて、オババから馬鹿にされたのにな。ヴェトナム人って、ちょっとでも発音が違うとわかってくれないんだよな。

「あ、明日からメコンデルタに行かれるんですって？」

「そうなんです。ツアーだけど。でも、鈴木さんには怒られちゃった。カフェのツアーを使うならガイドを頼んだ方が安全なのにって」

パンチ鈴木は私がガイドのクエさんを断ったり、勝手にツアーに申し込んだりしたことがちょっと気にいらないらしい。優秀なツアーガイドである彼には、彼のヴェトナム観光のイメージというものがあるようだ。


「ツアーのガイドは英語ですよ、大丈夫なんですか？」

パンチ鈴木は私が英語がダメなのを知っている。

「なんとかなると思います」

「20ドルのツアーなんて、そうとう悲惨なホテルを覚悟した方がいいですよ」

「はあ……」

「考え直して、日本語ガイドを連れて車を借りて行ったらどうですか？　その方が安全だし、ゆっくり観光できると思うよ」

「でも、あたし観光したいわけじゃないし……」

「だったら観光ツアーに参加するのは変ですね。自分でガイド雇って行った方がいいでしょう?」

私にとっては、外国人ばかりのツアーに参加することそれ自体が冒険なんだけどな。とにかく自分の力で申し込んで、ガイドの世話にならないでコミュニケーションしたいだけなんだけど、そのことがなかなか「ガイドのプロ」にはわかってもらえないみたいだった。

「風邪は、もう、いいんですか?」

シャレコウベ山田は心配そうに私の顔を覗《のぞ》き込んだ。

「うん、だいぶいいです。どうもあたしはホーチミン・シティがあまり好きじゃないみたい」

「わたしも、この街は、うるさくて、嫌いです」

そう言って、彼はちょっとさみしそうな顔をした。

私はヴェトナムに来てから、どうも山田さんが会社でうまくやれていないことをうすうす感じ始めていた。なんとなくパンチ鈴木の態度や、他のヴェトナム人スタッフが山田さんによそよそしいのだ。

山田さんは見るからに人がよさそうな男だった。つまり、見るからに生きるのが下手そうな人だった。

山田さんとベンタイン市場に買い物に行ったりすると、なぜか山田さんの後にばかり物乞いがついてくる。フォーの店に入って食事をしていても、なぜか山田さんの周りにわらわらと物売り、物乞いの老人、子供が集まってくる。山田さんがズルズルとフォーをすすっている鼻先に、宝くじだの、ガムだのを突きつけてくる。のんびり食事してるどころじゃないんだ。山田さんは「いらない」「ダメ」と言うのだが、その声はどこかふにゃっとしていて優しい。だから、物乞いにつけ込まれるのだ。

23歳の若いパンチ鈴木は、山田さんのことを内心は馬鹿にしているみたいだった。鈍くさいオッサンそのものである山田さんを、私も23歳だったら馬鹿にしてたかもしれない。

「田口さんが、いなくなると、ちょっと、さみしいです」

山田さんは上目づかいにそう言った。

「だって、2泊3日だもん、すぐ帰ってくるよ」

「わ、わ、わたしは、今月いっぱいで、事務所を、出ます」

「え？　どうして？」

「じ、自分で、仕事を作っていきます。社長との約束ですから。実は、今も給料はもらっていないんです。あそこに置いてもらっているだけで」

「一人でヴェトナムでやっていけるの？」

「な、な、なんとかなりますよ」

どうやら、山田さんはとうとうクビになったらしい。それなのに彼は日本に帰らずにヴェトナムで一旗揚げようと考えているのだ。

「そんなに、ヴェトナムがいいの？　日本より」

「そんなことないです。日本の方がいい。ヴェトナムは疲れます。き、汚いし、うるさいし、ヴェトナム人は身勝手だし……」

「じゃあ、なんで？」

「なんででしょうねえ。嫌なことはたくさんあるけど、ヴェトナムの方が気楽だから」

職を失って、お金がなくなったら山田さんはどうするんだろう？　他人事《ひとごと》ながら心配になってしまった。

「少しの間、日本食レストランで働こうかと思ってます」

「重労働だよ、わかってんの？」

「わかってます」

山田さんに限らず、ホーチミン・シティに暮らす日本人はなんとなく憂鬱《ゆううつ》そうに感じた。きっと、私がホーチミンを好きじゃないからなのだろう。

▼

その晩は、山田さんと一杯飲みに行って、ほろ酔いで部屋に帰ってきた。明日の荷造りも終えて、持ち物の最終確認をしてた時に、ベッドのサイドテーブルの上に置いてあった『小鳥の歌』に目が止まった。なんの気なしに、パラパラとページをめくってみる。

エキスパート

死んだと思われたある男が、友人たちによって埋葬地へと運ばれました。棺が墓穴に下ろされようとするとき、男は突然生き返り、棺のふたをたたきはじめました。棺が開かれ、男は座りました。「あなた方は何をしているのですか?」彼は集まった群集に言いました。「わたしは生きています。死んでいません。」

男の言葉に、皆は驚いて沈黙しました。会葬者のひとりが、やっと言いました。「友よ、医者も司祭もあなたが死んだことを証明しました。エキスパートが間違えるはずはありません!」

そこでふたは再びくぎを打たれ、男は決められたとおりに埋葬されました。

なんじゃあ、こりゃ? と思った。

気持ち悪い話だなあ。寝る前に変なもの読んじゃったな。私は案外臆病なのだ。夜はトイレの水洗の音が怖かったりする。だから逃げる準備をして水を流すほどだ。

死人が夢に出てきませんように……。お祈りしながら私は眠りについた。

ところが、またしても夢がやって来た。この部屋は本当に夢をよく見る部屋だ。

絶対、窓がないせいだ。


変な夢だった。

夢の中で、私は一人の青年と出会う。

彼は「番長」って呼ばれてて、時代遅れの学生服に学生帽をかぶってんの。

夢の中の私はちょっと困っている。何か出発の準備をしているのに、うまくいかないでイライラしてる。ところが、その番長が現われて、なんとなくいつも側《そば》にいてくれるので、私はとても心強く感じてる。いてくれるだけで私を助けてる。不思議な子だ。

番長は、四角い顔で、ずんぐりむっくりの体をしてた。帽子のつばで顔が隠れてよく見えないんだけど、でも笑うと目が細くなって優しい感じになる。見えないのになぜかわかるんだ。夢の中で、私たちは小さな船に乗っていっしょに旅に出る。


ほんわかした夢だった。

目が覚めてからも「番長」の印象は鮮明で、私は彼が誰なのか思いだそうとしたのだけど、どうしてもわからない。一度も会ったことのない青年なのだ。でも、なぜかいい夢のような気がした。


翌朝は、旅立ちにふさわしい晴天だった。

久しぶりに空気が乾いていて気持ちいい。

今日はなんだかヴェトナムの街も鮮やかに見えるみたいだ。体調もよかった。

（わくわくするのは、久しぶりだあ）

シンカフェのバス乗り場に行くと、そこには50人近い外国人が、ざわざわとバスを待ちながら朝食を食べていた。みんなデカくて白い。やっぱり日本人は私しかいなかった。

せめて、日本人がもう一人いればなあ……。と、思ってキョロキョロしていると、どこからともなくヴェトナムの笠（ノンラー）をかぶったアジア人男性が現われた。

ハハン、あいつはヴェトナム人ではないな、とすぐわかったよ。なぜって、ヴェトナムの笠は女の人しかかぶらないものなのだ。それを知らぬは、アホな外国人に決まっている。体形からすると日本人のようだ。

よおし、日本人なら話しかけてみよう。そう思って、私はさっそく彼に近づいて行った。

なんとなく照れくさいので、遠巻きに様子をうかがう。

そして、顔を見て、どっぴょーん！　驚いたのなんの。

だって、だって、だって彼はゆうべの夢の「番長」にそっくりだったんだよ。四角い顔、細い目、まさに、夢の男の子そっくり、瓜ふたつ。

（きゃー、ついに正夢を見た！）

私が茫然としていると、番長は私の視線に気がついて、頭をぺこんと下げた。

し、しかも、話を聞いてみると、彼は私と同じ「メコンデルタツアー」参加者だった。

（似てる、似てる、絶対似てる！）

私は自慢じゃないけど、霊感もヤマ勘も第六感も、ぜんぜんない人だ。こんな不思議なことは生まれてこのかた初めてだった。


旅に出ると、何か自分の中の不思議な勘みたいなものが研ぎ澄まされるんだろうか？　それとも、あの奇妙な本の力なのか、私にはさっぱりわからない。とにかく、正夢ってあるんだねえ。私でも正夢って見られるんだ、と妙に感動した。そういうことに縁がないって思ってたのだ。

（この子の側を離れるまい）

私はやたら愛想よく、彼に笑いかけながら後をついていった。

なにやら運命の出会いを感じながら、私のメコンデルタ旅行はしずしずと幕を開けたのだった。

▼

番長の名前は宗方英一君という。

私たちはミニバスの狭い席に並んで腰を下ろした。近くでまじまじと見ても、やっぱり夢の中の番長だ。こうして書くと不思議なんだけど、人間って不思議が現実に起こるとけっこうあっけらかんと受けとめちゃうんだよね。

だからそんときも私は「ほんとに似てるな」と思うくらいで、あんまり深いことは考えなかった。日本人の道連れができただけでうれしくてわくわくしちゃった。宗方君は大学生で、夏休みを利用してヴェトナムから、カンボジア、タイへと旅行するのだそうだ。

宗方栄一（23/大阪）

は、学ランを着て私の夢に現われた。
初めて会った時は、ヴェトナム笠を
かぶっていた。バスの中では
腰の悪いキャサリンに席を譲っていた。
すごくいい奴。

ヨハン（23/スウェーデン）

身長2メートルのノッポ。
体はでかいが、気は小さく、
あまり自分から人に話しかけ
ない。でも飲ませると
やたら陽気になってしゃべり
まくる。経済学を勉強
しているのだそうだ。
なんか日本人っぽい
奴だった。

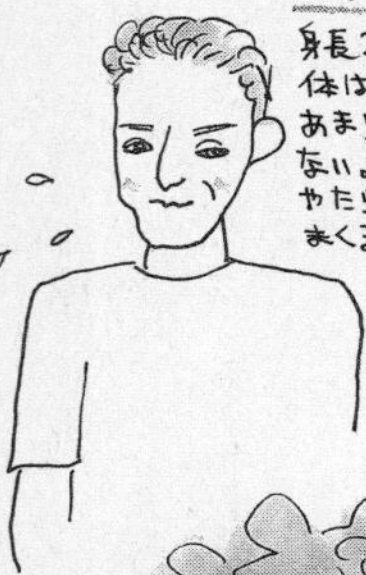

キャサリン
（年齢不明/ロンドン/香港在住）

こいつは絶対「ヤンキー」だと思ったら
ロンドンっ子だっていう。確かに派手だけど
けっこうシャイできまじめなとこがあった。
香港が返還されるので
また日本に出稼ぎに来たいと
言っていた。

ウルフ（49/アメリカ）

会社を辞めて放浪している
変な外人。それにしてもなんで
小豆島に住んでいたのだろう？
聞いたけど言葉がよくわかんなかった。

「メコンデルタツアー」の参加者は20名。

半分がフランス人で、あとの半分はオランダ人夫婦、スウェーデン人、アメリカ人、日本人の混成チーム。ヴェトナムがフランスの植民地だったのは知ってたけど、フランス人が多いのにびっくりした。

フランス人は、フランス語しかしゃべらなくて、いつも自分たちで固まって行動してた。英語をしゃべらないので意思の疎通ができない。だから友だちにもなれなかった。グループもフランス語と英語に分けられたしね。

で、英語グループの外国人たちとはけっこう仲良しになった。

オランダ人の夫婦は感じのいい人たちだった。旦那は学校の先生で、奥さんは銀行員。彼らは、アジアは日本以外ほとんど旅行しているという。

「アジアが好きなんですか?」

「うーん、そういうわけじゃないけど、アジアは安く旅ができるからね。でも日本だけは別。あんなに物価の高い国にはとても行けない。ホテルが一泊100ドルだって? テリブルだね」

とにかくヴェトナムを旅している間中、日本の物価のことが話題になる。どこの誰と出会

って も「日本は物価が高い、金持ちの国」という話題になる。金満日本がここまで有名だったとは……。びっくり仰天だ。

イギリス人のキャサリンは香港《ホンコン》に住んでいるダンサーで、ちょっとイカレた感じだ。ダンサーの割にはチビで太っている。ブロンドのカーリーヘアー。いつもヘッドホンステレオでマドンナを聞いている。キャサリンはロンドン生まれだそうだが、どういうわけかアジアを渡り歩いている放浪ダンサーらしかった。

「あたし、日本にもいたことあるわよ。日本の伊東温泉でショーに出てたの」

「へー、伊東ならうちから近いですよ」

「あたし、温泉大好きよ。♪イイ湯ダナ～。日本の演歌も歌えるわよ。エットウツバメとかナニワコイシグレ。日本はよかったわ、また日本に行きたいわ。日本人は金払いがいいから好きよ。香港人は金に汚くてダメね。でもあたし腰を痛めちゃって、今は休養してるの。だから気ばらしにヴェトナムに来たの。ここって安いじゃない？　物価とか。でも食べてばっかりいるから太っちゃったわよ」

と、キャサリンはまるでなにかに急《せ》き立てられるみたいに一気に英語でまくしたてる。とにかく陽気で、バスの中でもガイドに突っ込みを入れて、ジョークばっかり飛ばしてた。キャサリンはホテルがフランス人女性と相部屋になったのだが、この二人は相当気が合わなかったらしく、お互い一人旅同士なのに食事もいっしょにしなければ、旅行の間中、口もきかなかった。

すごく明るく振る舞っていたけど、彼女はどこの国の人ともそれほど親しくはならなかったようだ。私から見ると、白人はみんな友だち同士みたいに見えてしまうんだけど、彼らにもいろいろ好みがあるらしかった。あたりまえか。

アメリカ人のウルフは、日本に興味があるらしくて、何かと話しかけてきた。

「日本に行ったことあるんだ。日本に1カ月住んで、それから広島にも住んだ。あと小豆島に行った。東京はグレートだね。でもうるさい。物価も高い。ホーチミン・シティみたいだ。僕は日本のローカルの方が好きだな」

ウルフはコンパックっていうコンピュータ会社のエンジニアだったんだそうだ。でも、今は会社を辞めて、世界放浪の旅を続けているらしい。

「なぜ、旅をしているの?」

「うーん。僕はもうすぐ50歳になるんだけど、このまま50歳になるのがなんだか怖かった。だから自分を見つめ直すために旅に出たんだ。でもこんなことは働き者の日本人には理解できないだろうね」

「ちょっと、ちょっと、失礼ね。日本人にもいろんな考えの人がいるわ。特に今、日本は働きすぎた反動で、どう生きるべきかについて真剣に悩む世代が増えているのよ。あなたの気持ちは十分推察できるわよ。そんなお金の亡者みたいな日本人ばかりじゃないんだからねっ」

「そうか、それは悪かった。ただ、こうして旅をしていても、僕くらいの年配の日本人男性に出会うことがないからさ」

むむっ。確かにそうだ。40代の放浪の旅人なんていう日本人には、私もついぞお目にかかることはなかった。いったい、中年日本人男性はどこにいるのだろうか……？　と不思議に思っていたけど、謎はその後に解明した。

それから数週間後のホーチミン・シティで、屋台料理を食べた私のお腹はいきなりぎゅるぎゅる言いだした。でもヴェトナムのトイレ事情って最悪なのね。私は一番最寄りにあったフローティング・ホテル（ホーチミン・シティの高級ホテル）に駆け込んだ。

「ちょっと具合が悪いんだけど、ト、ト、トイレどこですか？」

ホテルマンは心配そうに私を見下ろして、ロビーの遥《はる》か彼方《かなた》を指差した。

そして、そのロビーには、朝の東京駅ほどの日本人観光客のおじさまたちがいたのである。そうか、彼らは高級ホテルにしか泊まらないのだ。そしてバスで移動して、高級な店でカードで買い物して、そして去っていくのだな、と納得した。

もう一人、特筆すべきはスウェーデン人のヨハンだ。ヨハンは身長2メートルの、ニキビ面《づら》の大男で22歳。学生だって言ってた。とにかくツアーの中でもひときわデカかった。身長150センチに足りない私と並ぶと、巨人と子供である。

ところが、このツアーの間中、私はこのヨハンと同じ部屋で寝起きすることになっちゃったのだ。つまり、このツアーは二人一部屋なんだけど、男女の数がうまく合わなかったのね。で、あぶれた東洋人の私とスウェーデン人のヨハンがいっしょの部屋になることになった。

きっと、ガイドのハンさんは頭をひねったんだと思う。キャサリンとヨハンをいっしょにしたら、キャサリンが文句をまくしたてるに違いない。だが、この日本人の娘なら年齢不詳だし、あまりにも大きさがアンバランスで、エッチなどできないだろう。このデカチビの間に怪しいムードが生まれる可能性は考えられない。よし、こいつらをいっしょの部屋にしよう。

まあ、いいけどね。

部屋割りが決まった時、私とヨハンは顔を見合わせて「あんたと!?」とお互い笑ってしまいましたよ。

「なんてデカいの？　とにかくよろしく」

と、私が言うと、ヨハンは「こちらこそ」と握手してきた。

ホテルのフロントマンのヴェトナム人は、

「いやー君らは、理想のカップルだよ、まったくお似合いだ。いっそのこと結婚したら？　そんで君はスウェーデンに行くといいよ」

と、さんざん馬鹿にしてまくしたてた。うるせえ、下手な英語使うんじゃねえ。

まさか初対面の外国人と同室になろうとは思いもよらなかったけど、これはこれでけっこう楽しかった。おかげで、度胸がついて、その後私は部屋をシェアする男の子を見つけては、いっしょにツインに泊まって夜中まで話し込んだりして楽しかった。

え？　なんで男の子なのかって？

だってね、メコンデルタの田舎を一人旅してる日本人の女性なんて、一人も出会わなかったんですよ。ず～っと探してたけど、一人もね。

自由は不自由、不自由は自由

「アーユー、アンダスタン?」

　と、いきなりガイドのハンさんに話しかけられて、私は我に返った。

　どうも、ハンさんは私がボケーっとしてるので「英語の説明がわかったか?」と聞いたようなのだ。このハンさんというガイドは、私が出会ったヴェトナム人の中で、私が最も尊敬している人物だ。彼には多大な迷惑をかけ、言い尽くせぬほど世話になった。

「イエス、イエ～ス」

　と私は大嘘で答えた。

　だって「わかんない」って言ったところでどうしようもないもん。するとハンさんは「私の英語は聞き取れるかね?」みたいなことを言ったのだと思う、たぶんね。

　だから私は、

「ライクアアメリカン!(まるでアメリカ人みたいだよ)」

アーユー
アンダスタン？
シンカフェのツアーガイド
ハンさん
英語はなまってたけど
とてもていねいなガイドを
してくれた。ものすごくよく働く。
いつも むっつりしてるけど
実は優しい。頼りになる。
シンカフェのガイドは
みんなとても感じがよかった。

と答えたら、彼ははっはっはっは！　と笑って満足そうだった。ほんとは聞き取れやしないのだ。だってヴェトナム人の英語って青森訛《なま》りが混じった英語みたいなんだもの。でも、ウルフやキャサリンは聞き取れてたみたい。さすがネイティブは違う。

私はヴェトナムに行ったら、ヴェトナム語を覚えようと心に決めていた。そして、「ヴェトナム語会話」と「日本語―ヴェトナム語」の辞書をわざわざリュックに入れて持ち歩いていた。必死で勉強した。ヴェトナム人をつかまえては発音の練習をした。でもね、1カ月の滞在にもかかわらず、ヴェトナム語はいっこうに上達しなかった。すんげえ難しいんだよ、ヴェトナム語。

だからね、これからヴェトナムに行こうって人は、ヴェトナム語を話せるようになろうなんてことはなから諦めた方がいい、と断言しちゃう。

ヴェトナム語ってのは、イントネーションと強弱の言語なの。

なにしろ「発音記号」がもう綴《つづ》りに含まれてしまってるんだから。で、その発音記号どおりに発音しなかったら、絶対通じないの。絶対！　ほんとに絶対！

だって、六声あるんだよ。つまり、ひとつの言葉を6通りに発音して、それぞれに意味が違うんだな。だから発音がすごく重視されるわけ。「ありがとう」は「カ～ンオン」なんだけど、この一言が通じるようになるまでに1週間かかりましたもん。「ありがとう」ってうれしい時に使う言葉じゃない？　だから日本人的気分としては、つい語尾を上げ気味に言いたくなるのね。ところが、この言葉は語尾を下げるの。下げないと通じないの。すると、なんか「ありがとう」って言ったあとでトーンが沈むのよね、どーんと。

「乾杯」もそうなんだなあ。「かんぱーい！」って語尾を上げたいじゃない？　ところがヴェトナム語は「マイ」って言うの。しかも、語尾を下げて……。なんかお通夜みたいなの。ま、そんなわけだから、「コーヒー」が通じないのもうなずけるってもんだよね。

ガイドの説明は全然わかんなかった。でもね、「シンカフェのツアーは英語ができないと参加してもつまんない」みたいな体験談を読んだけど、そんなことないよ。あたしは英語ができなかったけど、ちゃんとおもしろかったもの。それに、外国人に囲まれて、そのおかげで英語がちょっと上達した（笑）。なんとかなるもんだよ、言葉は。

さて、このツアーの第一日目のメコン川クルージングで、私メコンデルタにはまりました。

どっぷりと。思いっきり。それまでの、鬱々《うつうつ》としたホーチミン・シティでの気分が、どっぴゃーって吹き飛ぶおもしろさだった。

野村由美子、ありがとう！　メコンデルタは最高だよ、と私は一人で興奮していたのだった。

▼

ヴェトナムの川は汚い。

川に水の代わりにカフェオレが流れているのを想像してほしい。

メコン川ってそんな感じ。

日本の川って清流じゃないですか。水はどこまでも清く美しくあれ、と日本人なら思うのだが、ヴェトナムでは水の概念がひっくり返る。澄んだ水なんてお目にかかったこともない。

雨水が一番きれい。川はすべて「泥の川」。カフェオレ色に濁っている。

メコンデルタは細かいいくつもの支流から成り立つ肥沃《ひよく》なデルタ地帯。

川が茶色いのは玄武岩が風化してできた紅土（テル・ルージュ）が溶けているかららしい。

この栄養たっぷりの紅土のおかげで、メコンデルタはアジアの大穀倉地帯になっている。なんと、お米は一年中（年2回）収穫できるんだって。で、不作とか凶作とか日照りとかないんだって。すごいよね、日本のお百姓さんはさぞかしうらやましいだろうなあって思う。

メコンデルタツアーは、その全行程の3分の1以上がボートでの川旅だ。これが、めっちゃくちゃおもしろいんでんがな〜。

そのボートっていうのもね、なんだかクズ鉄場から拾ってきたようなボロくさいエンジンの木造ボートで、ヴェトナム人の船頭が細い紐《ひも》をギュインってひっぱって始動させるものなの。でさ、すぐガソリン切れになって、ポリタンクに入った馬の小便みたいなガソリンを、川に浮かぶ「フローティング・ガソリンスタンド」で買って来るんだよね。

粗末なボートに、世界の国からこんにちはって感じの外国人観光客が便乗して、ガンガンぶっ飛ばしていくわけだ。すると、ボートの音を聞きつけて、どこからともなく川岸に子供たちが集まってくる。

「あー、また変な外国人が来たよ〜」

「おもしろいから手を振ってやれ〜、おーい」

と、言っているかどうかは定かではないが、上半身裸の子供たちが、川岸を走りながらちぎれんばかりに手を振ってくれる。

ボートは村を抜け、水田を抜け、熱帯雨林ジャングルを抜けて、どんどん進む。川は細くなり、太くなりしながらも、支流の流れはゆったりで、水はほどよくぬるい。

「ぎゃー見て、牛だよ牛！　牛が顔だけ出してる」

川で牛が水浴びしている。川面《かわも》にぬうっと牛の顔だけ出ているのがおかしい。牛も「変な外国人」という目で我々を見送っている。

「きゃー、人だよ人」

川は生活の一部となっていて、メコンデルタの人々は川での行水を日課にしている。髪を洗って、体も洗って、衣服も洗って、食い物も洗って、それでうんこも流す。まさに「味噌も糞もいっしょ」とはこのことなのだが、誰も「汚い」なんて思ってもいないらしい。

「きゃー、あひるよ、あひるよ、あひる」

あひるはいっぱいいる。いっぱいっていうのは本当にいっぱいだ。一カ所に百羽くらいいる。みんな気ままにのんびりしているが、もちろん食用。でも、殺されるまでは幸せそうだ。

「見て、見て、豚よ豚よ、犬よ～、猫よ～」

豚も人間も、ほとんど同じ環境で暮らしているとこがすごいなあと思った。豚も幸せそうだったなあ。それからヴェトナム人は犬が好きらしくて、みんな犬を飼っている。そして犬はもちろんつながれてはいない。家の土間で丸まって寝ているか、そこらをうろうろ歩いている。まあ、猫はどこにいても猫だ。やっぱり寝てる。

私たちは、川の水面から岸を見る。そして川岸の生活に触れる。

普通はさ、岸から川を見るじゃない？　でも川から岸を見ることは少ないよね。メコンデルタはね、川が道路なの。水路が道路で船は車なんだ。そして川から見ると人々の生活が「ごめんね」って思うくらい丸見えなのだ。その、丸見えさかげんに私はびっくりどっきりした。こんな風にあらわにヴェトナム人の生活を覗き見できるなんて思ってもいなかった。少なくともホーチミン・シティではね。

メコンデルタの家々は、川に向かって開け放たれているの。

だから川から家を眺めると、それはまるで「松竹新喜劇の舞台」みたいに見える。居間も台所も丸見え。そこではお母さんが子供におっぱいを飲ませている。子供たちが御飯を食べている、遊んでいる。お父さんが昼寝をしている。全部丸見え、本当にお芝居を見ているみたいなんだ。

そして、その傍《かたわ》らで犬はこのうえなく幸せそうだった。

「ああ、なんて自由なんだろう。メコンデルタの人たちは、なんて自由に生きているんだろう。ここは素晴らしいところだね」

私は興奮して、ガイドのハンさんにそう伝えた。

するとハンさんは、ちょっと考えてから私にこう言ったんだ。

「それは、あなたが自由だからです」

「え?」

と私は聞き返した。ハンさんは、またちょっと考えてからこう言った。

「私から見ると、ここの人たちはちっとも自由ではありません。いつも食べ物の心配をして貧乏だし、自然を恐れています。川がなければ暮らせません。どこにも行けません。この土地に縛られているのです。でも、あなたは何にも縛られていないから、この景色を美しく、自由だと感じることができるのでしょう」

私はびっくりした。

自由なのが私で、縛られているのがヴェトナム人? そんな風に思いもつかなかった。

ハンさんは黙ってメコンの流れを見つめている。きっと、ハンさんには、この景色は違って見えるんだ。いつか、彼にはこの川がどんな風に見えるのか聞いてみたいと思った。

▼

チャウドックの街に着くと、あたりはもう夕闇《ゆうやみ》だった。

ハンさんがバスの中でしきりに「ボーダー、ボーダー」と言っていたのは、どうやらカンボジア国境のことのようだ。チャウドックは国境近くの街である……と『地球の歩き方』に書いてあった。

お腹がぺこぺこだったので、さっそく宗方君と連れだって夕食を食べに出かける。ハンさんが「マーケットの中においしいレストランがある」と言うので、探して行ってみた。うーん、これがレストランなのかなあ、と思う。やっぱり、海の家の食堂だ。椅子もテーブルも正統的海の家である。

私はメコンデルタで捕れる「あふれかえる食材」という言葉に胸を躍らせていたのだけれど、それはまさしく「あふれかえるゲテモノ料理」ということと等しかった。

まず、最初にびっくりしたのは「マッドフィッシュの唐揚げ」なる料理である。

運ばれて来た時に思わず目を見合わせた。その「マッドフィッシュ（泥魚）」なる魚は、グワッと口を開けたおたけび状態で唐揚げにされていた。顔は魚というよりも爬虫類《はちゅう》（コブラ系）だ。胸ビレが逆さについているのは泥の中をはい回るためらしい。さらに、咽の奥に丸く歯が生えているのだ。まるで口が2つあるみたいに。さらに、はらわたを取り出すと、魚とは思えないようなどえらく弾力のある頑丈な胃袋が出てきた。ううむ。この魚は泳ぐのだろうか……？　まあ、なかなかすさまじいものなので、メコンデルタに行ったらぜひ食べてみて頂きたい。味は、白身で淡泊。無味に等しい（笑）。

さらに「エレファントフィッシュ」なるものも、食べた。「象の耳」と呼ばれる魚だ。こいつはその形が平べったくて象の耳に似ているところから、そう呼ばれているらしい。やはりフライで食べる。味は、白身で淡泊、以下同文。

それから、蛇料理。蛙料理。ひととおり食べたが、味は、白身で淡泊、以下同文。

メコンデルタでは、様々な貝が採れる。市場に行くと、薄気味悪いいろんな色の貝を売っていて、ヴェトナムの子供たちは、その貝をオヤツ代わりにむしゃむしゃ食べている。市場近くの道端でも、炭で貝を焼いて売っていて、匂いがなかなかおいしそうだ。思わず食べて

Mud fish

マッドフィッシュ

顔はとても魚には見えない。どう見てもコブラ。
「ぐわっ!」と開いた口の中を覗き込んだら咽に
まあるく歯がはえていた。

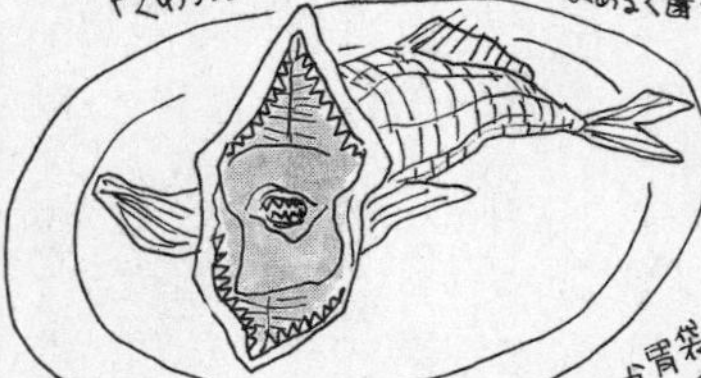

こういう状態で
フライになって
でてくる。

はらわたを開くと、めっちゃ弾力のあるでか胃袋が
出てきた。こいつ、何を食ってるんじゃ? 味は白身で淡泊

カメ Turtle

皿の上に花をくわえて出てくるところが
なんともあわれみを誘う。味は白身で淡泊。

へび Snake

料理する前に必ず実物を見せにくる。
うれしいような、迷惑なような。

目が怒ってた。
怖い……。
味は白身で淡泊

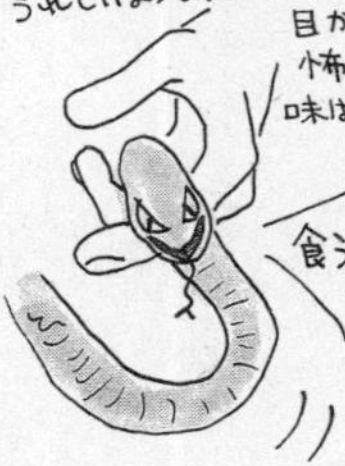

食うなー!

Elephant fish

エレファントフィッシュ

「象の耳の魚」とも言う。
形がひらべったくて象の耳に
似ているかららしい。
味は白身で淡泊。
あんなにクサイ油であげちまったら
元の味なんかわかんねーよ。

みたくなるが、さすがに貝だけは食べなかった。

貝っていうのは、猛烈に雑菌が繁殖しやすいのだ。あの中にはさぞかしいろんな種類の大腸菌がうようよわらわらと生きているのだろうと思う。日本でだって、汚れた海の貝はむやみに食べるなと言われているのだ。

そういえば、私がホーチミン・シティで出会った日本人女性は、無謀にもこの貝を食べて食中毒になり、4日間生死の境をさ迷ったと言っていた。

「げー？　貝食べたの？　どんな貝？」

「えっとね、緑色の牡蠣《かき》みたいな形したの」

「勇気あるなあ、貝は絶対食べるなって言われてるのに」

「え？　そうなんですか？　知らなかった」

ですから、みなさん、貝には気をつけましょう。

だいたいアジアに行って肝炎になったり、食あたりを起こした人に「何食べた？」と聞くと「貝」って答えるよね。

この夜、私と宗方君はＢＧＩビールを飲みながら、ヴェトナム風海鮮鍋をつくることにした。これは、日本の鍋といっしょね。ダシがきいた汁の中に野菜や海老が入っている。野菜は香草で、いろんな種類があって名前はよくわかんない。とにかく寄せ鍋みたいなもんだ。ダシは関西風である。最後に「うどん玉」がついたら言うことなしって感じ。しゃぶしゃぶ鍋みたいな鍋で出てくる。


「宗方君はさ、今、何してる人なの？」

鍋をつつきながら、四方山《よもやま》話が始まる。

「うーん、実は俺、いま23なんだけどまだ学生やってるんです。一度、工学部を卒業して、また医学部に入り直したんです。だから、今年1年生」

「へー、そうなんだ。なんでまた医学部に？」

「話せば長くなるんですけどね、実は大学4年の時に中国を旅行して歩いてたんですよ。なんかこのまま就職するのも自分で決心つかないっていうか、すごくいろんなことがめんどくさくて、もういいや就職なんて、っていう気持ちになってあてもなく旅行してた」

そんな投げやりな雰囲気は今の宗方君から想像もできなかったので、私はちょっとびっくりした。

「そしたら、北京で風邪をひいて、それをこじらせて中耳炎起こして寝込んでしまった。俺、当時、やけくそな旅行してたから、北京駅の構内とかに物乞いといっしょに野宿してたんですよ。それで身体《からだ》を壊して、本当に行き倒れになっちまった」

「駅で野宿って……危険じゃないの？」

「うーん、自分が危険な人になっちゃうと案外平気なんです。で、とにかくすごい熱が出て、どうも風邪の菌が耳から頭の方に入ったみたいだった。起き上がれなくなって、中国語もできなかったから、自分の状態も説明できないし、ああ、俺これで本当に死ぬのかな、って思ってた。そしたら、周りのホームレスとか近所の人が、どうもあの日本人は様子が変だ、っていうんで親切に病院に運んでくれたんですよ。自分だってホームレスなのに、日本人の俺にすごく優しくしてくれた。あのままだったら死んでたと思う」

「あきれた……。男の子ってやることが大胆だね」

「病院に行った時はもう昏睡《こんすい》状態。で、ハッて気がついたら、ベッドに寝てて、しかも帰りの予約を入れた日まであと2日しかないんですよ。格安チケットで行ってるから予約変更はきかないし、これを逃したら金なんか持ってないから帰れなくなっちゃう。俺、必死で中国人の医者に泣きついて、なんとかして2日後に日本に帰りたいからどうにかしてくれ、って頼み込んだ。医者はあきれてましたよ。おまえ、無理したらほんとに耳が聞こえなくなるぞ、みたいなこと言ってた。でも、とにかく帰らにゃならんのやーって騒いだら、もう一生懸命いろんな治療してくれました。漢方だの、気功だの総動員。で、とにかくふらふらになりながら飛行機に乗って、日本に帰ってきて、そのまま即入院。でも、耳はこうやって聞こえてる。頭も無事みたいだ。ありがたいなあって思いました。でね、その後なんとなく、医者もいいな、って思ったんです。そうだよ、俺、医者になろう……って。そしたら、それまで頭の中でぐじゃぐじゃ悩んでたことが、すっか〜んって吹っ飛んで、ああそうか、なんで俺は気がつかなかったんだ。俺はずーっと前から医者になりたかったんだ、って確信みたいなものが沸き上がってきた。これや、これやで〜！　って感じでね。頭の奥にひっかかってたことをはっきり思いだした、みたいな感じだったなあ。親に言ったら、好きにしなさいって言うんで、それから受験勉強を始めて、で、一から医学を勉強し直してるわけなんです」

私は宗方君を初めて見た時に、なんだかある種の「力」みたいなものを感じたんだ。それは、人を癒す人、治療する人だけが持っているあったかい光みたいなもの。相手を緊張させない、ふわあっとした包み込む力みたいなもの。

だから、この話を聞いた時に、ああ、この人は治療者になるべくして生まれてきたのに、ちょっと寄り道していたんだな、って思った。そんな風に素直に思えたんだ。

それを宗方君に伝えたら、すごくうれしそうにしていた。

「そんな風に言ってもらえたら、なんかうれしいなあ」

そう言ってぐびぐびビールを飲む。

「君はきっと、いいお医者になると思うよ」

でも、さすがに「君が夢に出て来たんだよ」とは言えなかった。変な意味にとられたら困るし、なんか恥ずかしいじゃん。

「ところで、田口さんは何してるんですか？」

「え？　あたしはねえ、フリーライター」

「へー、俺、そういうマスコミ関係の人と初めて知りおうた」

「そうかなあ？　あたしの周りにはいっぱいいるけど。あたりまえか」

「じゃあ、ヴェトナムへは仕事で来てるんですか？」

「そうだねえ、半分仕事で、半分遊びみたいな感じ。でもさ、将来は小説家になりたいの。えへへ」

「どういう小説書かれるんですか？」

「これから書くからわかんない。小説書きたいなあと思って会社辞めたんだよね。それなのに、ずうっと書けなかった。変だよね。書きたいのに書けないなんて。あたしはずうっと広告のコピーライターみたいな仕事してきたのね。でも、それって宣伝のための文章でさ、自分の書きたいものとちょっと違うわけ。だから、自分の書きたいことを書きたいって思ったの。でも、いざ書くぞ、って思ったら、いったい自分が何を書きたかったのか、何をしたかったのかわかんなくなっちゃって、だんだん自信がなくなってきちゃって、どうしよう、困ったなあって思ってたんだ。そしたら、ヴェトナムに行ってみませんか？　って言われて、ええい！　このさい旅行にでも行って気分転換しちゃえ、と思ってやって来たわけ。ところがさ、ホーチミン・シティに着いたとたんに熱が出て寝込んで、体調悪くて最悪だった。ヴェトナムなんて大嫌いだって思った。それで、思い切って都会を離れてみたの。本当はすごく心細かったんだけど、宗方君がバス乗り場にいたからホッとしちゃった。でもさ、来てみてよかったよ。なんだか昨日までの自分とは別人みたいに感じる。いろんなものの輪郭がはっきり見えるみたいに感じる」

ああ、久しぶりに人とちゃんと話をしたな、って私は思った。胸がすうっとした。

「それって、旅のテンションになったんだよ、きっと」

「旅のテンション？」

「うん。俺もさ、けっこういろんな国を長く旅行して来て、たぶん一生旅行は続けると思うんだけど、それでも旅のテンションに入るまでしんどい時があるんだ。なんかダルくって、めんどくさくて、眠くって、おっくうで、気後れして、積極的になれなくて、ホテルでダラダラしちゃうような感じ。でもさ、何かのきっかけで、止め金が掛かるみたいに旅のテンションに切り替わるのさ。そうすると、まるで嘘みたいに体が軽くなって、やる気が湧いてくる」

「そういうものなんだ～」

「だからさ、この頃はコツを覚えてきて、割と意識的に旅のテンションに切り替わるように自分を仕向ける。うまく言えないんだけど、なんていうかな、いつもエンジンをアイドリング状態にしておくみたいな感じかな。そうすると、あんまりテンションダウンせずに旅を続けることができるんだよね」

「それって、どうやればいいの？」

私は身を乗り出して聞いてみた。

「うーん、それは人それぞれみたいだよ。うまく口では言えない。そのうち体が覚えてくるよ」

「そうかなあ〜」

「うん、1カ月放浪すれば、もう立派なバックパッカーですよ」

そう言って宗方君は笑った。笑うと目がなくなっちゃってよけい優しい顔になるんだ。

その夜、部屋に帰るともうスウェーデン人の大男ヨハンはベッドの蚊帳《かや》の中で本を読んでいた。彼は上半身裸で、胸毛も金髪だった。「おおっ」と思った。金髪の胸毛と同じ部屋に寝るのは初めてだ。

「シャワー使ってもいい？」

と私が聞くと、「どうぞ、もちろん」とヨハンは答えた。なかなか紳士だ。

無論シャワーは水である。便器の横にあって、便器には便座がない。

ま、ツアーの部屋なんてこんなもんです。

着替えて風呂から出て私も蚊帳の中に入った。

「あッ！」

「ど、どうかしましたか？」

「この部屋、窓がない！」

私は呟《つぶや》いた。

「私は窓がない部屋にいると、魂が腐るんです」

と私が言うと、ヨハンはしばらく考えてから、

「日本人はミステリアスだ」

と、呟いた。

翌日はもちろん、真っ暗な中でヨハンの目覚ましが鳴った。

ホテルは朝から停電しており、私とヨハンは頭に懐中電灯をのっけて手探りで朝支度をした。だから窓のない部屋は嫌いなんだ……。

みんなテレパシーを持っている

翌日、私たちのツアーは、チャウドックからどんどん海に向かって旅をして、カントーの街にやって来た。

途中、川をボートで下り、メコン川で水上生活をする人々の生活を垣間《かいま》見た。川の上に家がぷかぷか浮かんでいるんだ。郵便物もちゃんと届くんだって。それから川面を無数の電線が走っていた。電気を引いているのだ。どんな田舎に行ってもテレビがででーんと鎮座ましましていた。だいたい神棚の下にある。夕暮れにランプ代わりにテレビがついていると、なんだか神々《こうごう》しささえ感じてしまう。

テレビは2チャンネルしか映らなくて、その内容も国営放送でなんだか日本の教育テレビみたいなんだけど、みんな一生懸命にテレビにかじりつく。特にメロドラマは人気があるらしかった。何度かヴェトナム人の家に泊めてもらって見たけど、昔の山口百恵主演の「赤いシリーズ」みたいな感じ。

家にある電気製品は、テレビだけ、という家が多かった。

メコンデルタのヴェトナム人に「電気製品で何が欲しい？」って聞くと、テレビ、ビデオ、カラオケ、と答える。他の電気製品は思いつかないらしい。なんで冷蔵庫とか欲しがらないのか不思議だが、考えてみたら買い置きしなくたって毎日とりに行けばいいのである。みんなとても暇なのだ。日本人があんなに電気製品が欲しいのは、忙しいからなんだなあ、と妙に納得した。ヴェトナム人は暇つぶしが必要であって、暇をつくってしまう製品はいらないのであった。

メコンデルタあたりでは、白人は相当に珍しいらしく、歩いていると子供たちがわらわらと寄ってくる。「ハロー、ハロー」と握手攻めにされる。田舎の子供たちは純朴でかわいい。さすがにスリもいない。みんな裸足でどろどろしている。白人と手をつないで歩きたがる女の子が多いのに驚いた。一種のステイタスなのかもしれない。「えっへっへ、あたし白人と手えつないじゃったもんね」ってとこだろう。

彼らは学校には行っていないようだ。たぶん、貧しい家庭の子なんだろうな。なんでも最近はヴェトナムでもかなり貧富の差が出てきているらしい。金持ちの子供たちは清潔な格好をして、親に送り迎えしてもらっていた。

社会主義国なのに貧富の差があるというのも変な話だが、ヴェトナム人を見ていると、どうも自国が社会主義国であることを忘れているようだ。

「どうやったら、日本のように金持ちの国になれるのか？」

と、ヴェトナム人から何度も聞かれた。だって、日本は資本主義国だよ。土俵が違うんだけどなあ。説明してもピンときてない。

ヴェトナム人は今や、都会も田舎もみんなお金儲《もう》けに燃えている。

そう、燃えているという言い方がぴったりくる感じがする。2年くらい前から外国人観光客が増えて外貨が落ちるようになった。だから頭と体を使えば、外国人をカモにして一般人も金儲けできるようになったのだ。そこでみんな、いろんな商売を考え出して金儲けを企んでいる。本当は違法行為なのだが誰もそんなこたあ知ったこっちゃないし、警察も見て見ぬふりだ。だから「金儲けブーム」といった感じで、みんなお金のこととなると目の色が変わる。でも、その額が100円とか200円単位なのがなんだかおもろうて、やがて悲しい。

ツアーでヴェトナムの村を回りながら、私はアジア人のくせに、白人の観光客に交じってるのがなんだか恥ずかしかった。ヴェトナム人に申し訳ないような感じがして。

だってさ、えらぶってるみたいじゃないですか。人様の家をカメラ持って見学して歩いて、飯食ってるところを写真撮ったりしてさ。だからいつもちょっと離れて歩いていた。白人みたいに、ヴェトナム人の生活にバシャバシャカメラを向けられなかった。なんだか自分の実家を裏切ってるみたいな、変な感じがして。

似てるんだよ、やっぱりヴェトナムは、どことなぁく昔の日本にね。

▼

カントーの街にはメコンデルタ最大の市場があって、市場の前がフェリー乗り場になっている。フェリー乗り場には銀色のどでかい「ホーチミンおじさん像」が、「やあ！」とばかりに手を上げて挨拶していた。このホーチミン像、いかにも優しげで私は好きだった。カントーはメコンデルタ最大の街だ。活気がある。

私はなぜかこの街がえらく気に入ってしまった。

理由はわからない。なんだかとても肌に合うものを感じてしまったのだ。旅のテンションが高まってきていて、私の勘が働きだしたのかもしれない。何か体の中の見えない力が、ここに残れと言っているように感じたのだ。

私は、思い切ってガイドのハンさんに尋ねた。

「ねえ、ハンさん、あたし、カントーに残りたいんだけど、明日一人でツアーからはずれたりしたら迷惑？」

ハンさんは、四角い顔を私の方にかしげて「はあ？」という目をした。でも、彼はクールなので動揺は決して表わさない。

「君が一人で、カントーに残るのか？　なぜ？」

「ええと、メコンデルタがとても気に入ったから、しばらくカントーに滞在しながらあちこち旅してみようかと思って」

「一人でか？」

「うん」

彼はちょっと考えてから、こう言った。

「じゃあ、私が君にメモを書いてあげよう。何かノートがあるかい？」

私が慌ててメモ帳を渡すと、彼はヴェトナム語でずいぶんと長い文章を書いた。

「いいかい、ここにはこう書いてある。この者はシンカフェのメコンデルタツアーに参加し、カントーで一人だけ下車しました。もし、この者がこのメモを持ってやって来たら、空《あ》きがあった場合にはホーチミン・シティまで乗せて行ってください」

「わお、ハンさん、どうもありがとう。助かるよ」

ハンさんはなおもクールに呟く。

「シンカフェのツアーはだいたい毎日カントーにやって来る。帰りたくなったら、このメモを持ってホーチミン像の下で12時頃待っていればいい。そして、これをガイドに見せなさい。空きがあれば、バスに乗せてくれるはずだ」

私はそのメモを大事にリュックにしまった。

まさかこんなにうまくいくとは思わなかったし、本当に自分がこの街にたった一人で残る実感はまだなかった。でも、決めてしまったんだから、今さら後悔しても遅い。緊張で頭がはっきりしてくるような感じだった。


夜、食事をしに行こうとすると、ヨハンはまた一人で本を読んでいた。体がデカいので足がベッドから30センチも飛び出している。

「ねえ、ヨハン、昨日は一人で夕飯を食べたの？」

「そうです」

外国人っていうのは、けっこうみんな人見知りなんだなあ、と思った。ま、人によるんだろうけど。

「あのさ、よかったらあたしたちといっしょに御飯食べない？」

おずおずとそう声をかけてみると、ヨハンはいきなり飛び起きた。

「もちろん、喜んで！」

ああ、その晩は愉快だった。

私と宗方君と、ヨハンとウルフの4人で、中華料理屋に入った。そこで、蛇やら、蛙やらのゲテモノ料理を頼んで4人で大騒ぎしながら食べた。

蛇料理を頼んだら、店の奥から料理する前の生きている蛇がおひろめされた。蛇はかま首をもたげて「食うな〜」とアッカンベーをしているように見えた。出てきた料理に蛇の原形は跡形もなかったが、4人でオエオエ言いながら食べ合った。

ヨハンはのんべえで、ぐいぐいビールを飲む。寒い国の人は酒が強い。ウルフはあまり飲まない。宗方君も今夜はハイピッチで飲んでいる。私もいい調子だった。

「スウェーデンってどんな国なの？　物価安い？」

「物価は安いけど、税金は高いよ」

「オーロラ見える？　白夜ってどんな？」

「白夜は夜中になっても太陽が沈まない。オーロラは、空にかかる光のカーテンのようだよ」

「普段は何して遊んでるの？」

「冬はもっぱらスキー、夏はウィンドサーフィンかな、あとバスケット」

どうもみんなスウェーデンのことをよく知らないのでヨハンに質問が集中する。

ヨハンはたいそう英語が得意だった。北欧人は英語は得意なのだそうだ。試しにスウェーデン語でしゃべってもらったけど、スッテンコロリンみたいな言葉だった。

ウルフは日本にいたと言うだけあって、日本語をちょっと話せた。だから私の下手な英語は、ウルフと宗方君が通訳してくれた。英語がわかんない時も二人がどうにか翻訳してくれた。

だんだんしゃべっているうちに、話がどんどん盛り上がっていって、私は自分が英語をしゃべれないなんてことは忘れてた。なんていうのかなあ、気持ちがシンクロしてくると、ほんのちょっとした仕草とか言い方でも、相手の言葉が理解できるようになって、すごく簡単にコミュニケーションできるようになるんだ。言葉の壁みたいなものがすっとんで、みんな気持ちがひとつになってしまうの。

だから、なんだか何語でしゃべってるのかわかんなくなっちゃった。考えなくてもいくらでもしゃべることが湧いてくる。で、みんなで笑い合える。

私は、こんなに外国人と楽しく騒いだのは生まれて初めてで、なんだかうれしくってめっちゃ感動してた。ああ、いろんな人がいて、本当に楽しいなって思った。人間って本当はテレパシーが使えるんじゃないか、って真剣に思ってしまった。


部屋に帰って、ヨハンと二人きりになった時も、なんだか二人とも夕食の楽しい余韻みたいなのを感じていて、少しお互いの国のこととか話し合ったりした。

それから寝る時に、私はむしょうに感謝したい気分になって、電気を消した暗闇の中でヨハンに言ったんだ。

「あたしね、今夜は、すごく楽しい時間が過ごせたよ。どうもありがとう」

すると、暗闇の中からヨハンの返事が聞こえてきた。

「僕の方こそ。本当に誘ってくれてありがとう」

▼

朝、いつもより早く目が覚めた。時計を見ると5時半だった。ツアーの朝は早くて起床は6時半、ハンさんがドアをガンガンノックして回る。この乱暴な起こし方は、白人にはえらく不評だった。

私はベッドを抜け出して、フェリー乗り場まで散歩してみた。

途中でカントー市場を抜ける。市場は4時から始まっていて、もう人人人でごった返していた。

ホーチミン像の下で朝のメコン川を眺める。小さな手漕《てこ》ぎボートが果物や、人や、自転車を乗せて、たくさん行ったり来たりしていた。対岸の中洲《なかす》には、巨大なSONYの看板が「どうだっ」とばかりに朝陽を浴びていた。

「あれ、早起きだな〜」

声に振り向くと、宗方君だった。

「おはよう、ゆうべは楽しかったね」

「うん」

二人で並んで川岸に腰掛けた。川のある景色はなぜか心をなごませる。対岸の椰子《やし》の葉が朝陽できらきら光っていた。

「あのさ、こういうこと言ったら変な奴って思われるかなあ。あたしさ、あなたに会う前の晩にあなたのこと夢に見たの」

「え？　ほんまに？」

「うん。夢の中では番長って呼ばれてガクラン着てた」

「へえ、なんか緊張するな。俺って夢ん中ではどんな奴だった？」

「すごく、いい奴だった。夢の中で私、助けてもらった。こういう正夢って信じる？」

宗方君は、ちょっと遠い目でメコン川を見つめてた。

「信じるよ。正夢じゃないけど、俺も忘れられない夢あるし」

「ふうん、どんな夢？　あたし夢の話を聞くの好きなんだ」

「俺、4歳くらいの時に病気して、それで死にはぐったことあるんだ。そん時に見た夢、未《いま》だに覚えてる。なんか暗い沼みたいなとこを船を漕いでるんだ。岸にはえらい遠くて、あたりはしーんとして静かで、だあれもいない。一生懸命船を漕ぐんだけど、その船は紙の船なんだよ。白い紙の船。で、紙だからどんどん沈んでいってしまう。俺は必死になって船を漕ぐんだけど、船はとうとう沈んで沼に吸い込まれてしまう。俺は一生懸命自分で泳ぐんだ。泳いでなんとか岸まで辿《たど》り着こうとする。もう、必死になって泳ぐ。沼は冷たくて暗いんだ。水が体にまとわりついてくる感じが今でも思いだせる。とにかく岸まで泳がなくては、泳がないと吸い込まれる、それだけしか考えなかった。無我夢中で泳いで、俺はとうとう岸に辿り着くんだ。そこで目が覚めた」

「助かったんだね?」

「うん。だけど、母親とかばあちゃんが言うには、俺はその後すごく性格とか変わったんだって。なんか明るくなったって、はっきりものを言うようになったって言うんだ。自分でもそう感じる。いろんなことがよく見えるようになって、あんまり人のこと気にしなくなった。だから、こうして医者になろうとしてるのも、あの時自分で泳いで岸に辿り着いたおかげかなあ、なんて思ったりするんだ」

「あたしね、ちょうどヴェトナムに来る前にある本を読んでたの。その中におもしろいことが書いてあった」

「どんなこと？」

「あのね、人って、生まれて来る前に、自分が今度の人生でどんなことしようってビジョンを持ってやって来るんだって。ところが、生まれると魂の記憶が消えるから、そのビジョンも忘れてしまうんだって。自分がこの時代の、この両親の元に生まれたのも、実は自分のビジョンに一番よかれと思って自分で選択したことだ、って言うの。でも、そう思うとなんだか楽しくない？　あたしはどんな目的のために、自分の両親とこの環境を選んで生まれてきたんだろうって、この頃考えるんだ。全部自分が望んだことなんだ、って思うと、嫌なことがあってもがんばろうって思うじゃない？」

「じゃあ俺は、医者になることがビジョンだったのかなあ」

「あたし、なんかそんな気がする。きっと夢で溺《おぼ》れた時も一度ビジョンを思いだしたんだよ。君って、人が生きやすいように手助けしてあげるような、そんな仕事をする人なんじゃないかなあ。夢の中でもそうだったもの」

「じゃあ、田口さんは？」

「私は、まだよくわからない。ずっと考えてるけど」

「俺は、田口さんはきっと、何かを伝えるビジョンを持ってやって来たような気がするなあ。

あてずっぽうだけど。やっぱり小説とか、文章で人に何かを伝えていくことなんじゃないかなあ」

「でも、何も書けないんだよ」

「だけど、人の話を聞くのすごくうまいよ。俺こんなこと他人に話したことないもの。それもひとつの才能だと思うなあ。あせることないと思う」

大きな漁船が目の前を横切って行った。ヴェトナム人の漁師が冷やかすように私たちに向かって手を振った。

「私たちって、なんで今日、こうやって知り合ってこんなことしゃべってるんだろうね。今日でもう別れていくのに」

「本当だよなあ。おととい会ったばっかりなのに。でも、俺には意味があった。いろんな話ができて。うまく言えないけど、またいつかうんと先にどこかで出会っていっしょに何かするかもしれないって、思える」

「あははは、そうだったら素敵だね」

それから、私たちは朝食のためにホテルに戻った。

私は、昼にはみんなと別れてカントーに残ることを言いだせなかった。やっぱりいっしょにホーチミン・シティまで帰ればよかったかな、なんてちょっと悔やんだりしてた。

昼御飯のまずいフライドヌードルを食べながら、

「実は私、今日カントーに残るの」

って言ったら、ヨハンがあんぐりと口を開けて呟いた。

「君が何を言ってるのかわからない」

「メコンデルタをもうちょっと旅行したいから、一人でここに残ることにしたんだ」

「本当に一人で大丈夫なのか？」

さすがにウルフも心配そうだった。

「ぜんぜん大丈夫だよ、あたしチビだけど大人なんだよ」

「そうかあ、じゃあ、ここでお別れなんだね」

宗方君もちょっと淋《さび》しそうにそう言った。

昼食が終わってバスの出発の時間だ。私は荷物を下ろして、一人みんなを見送った。「あれ、なんで降りてしまうの？」キャサリンやオランダ人の夫婦が口々に叫ぶ。

「当分、ここに暮らすことにしたの」

そう言って私は笑って手を振ったけど、実は泣きたいくらいに心細かった。

「じゃあ、また、いつか会おう」

みんなが手を振ってくれる。バイバーイ、あっけないほど簡単に、バスは市場の角を曲がってシクロの中に消えて行った。私だけが残った。


見慣れた街が、急に遠くなって他人のようにそっけなく感じる。

すごく自分が無防備になったみたいで、怖かった。

ツアーの間は荷物をバスに置きっぱなしでも安心だった。今は全財産とパスポートを背中に背負《しょ》っている。急にまたスリやかっぱらいの話が思いだされて不安になった。

どうしよう……と、思った。ここにこうして立っていても、物売りが寄って来るだけだ。

とにかく、ホテルを探そう。そう思ってリュックの中から『地球の歩き方』を取り出そうとしたが……ないのだ。あれっ？ どうしたことだ？ 鞄の中をくまなく探したけどない。そして、私は気がついた。私は『地球の歩き方』をバスの座席の前のメッシュの中に突っ込んだまま忘れてきてしまったのだ。

こんな知らない街で、ガイドブックもなしでどうやって旅行しろっていうの？

私は頭がクラクラしてきた。

この絶望的な状況に私が打ちのめされているというのに、ヴェトナム人はおかまいなくうるさい。ひっきりなしに寄ってくる。

「ヘイヘイ、シクロ乗らない？」「ガム買ってよ」「ジュースいらない？」「バイク乗らない？」

私の思考はヴェトナム人に邪魔されてますます混乱する。とにかく、ホテルにチェックインして、頭を冷やそう。冷たいものを飲んで、気を落ち着けよう。

そうだ、今朝まで泊まっていたツアーのホテルにもう一泊できるかどうか聞いてみよう。あそこなら場所を覚えている。今夜もまたツアーの客がやって来る。その中には日本人もいるかもしれないし、ガイドは英語が話せる。今後の予定は気を落ち着けてから立てればいいのだ。

そうだっ、決めたっ！

ホテルに向かって歩き始めると、誰かが私の腕をむんずとつかんだ。

びっくりして振り向くと、背の高い痩せたヴェトナム人の女の子だった。

彼女は前歯が虫歯で、笑うととても貧乏クサイ。丸っこい顔をヴェトナム笠で覆っていて、手にはコンビニのビニール袋をぶら下げていた。色が黒く、ニキビ面で、ヴェトナム人にしては珍しいブスだった。

「コンニチハ、ニホンジン？　ミー、ニホンゴワカル、ワタシノボートコグ、ノル」

変な日本語でしきりに話し掛けてくる。妙に顔を近づけてくるので、なんだかキスされそうで怖い。息が鼻にかかる。ヌックマムの匂いがした。

「コレ、ミテ、ミテ、ミル」

ノートを一冊取り出して、私の鼻先につきつけてくる。そのノートには日本語で「彼女のボートはいいですよ」という紹介文が書かれてあった。

「ワタシ、ニホンゴ、ワカル、オーケー。ヤスイ、ボート」

あたしゃいま、それどころではない。とにかくホテルを探して、ホテルと英語で交渉して今夜の宿を確保しないことには気が気じゃないのだ。『地球の歩き方』もなくなっちゃったし……。だから頼むから私の邪魔しないでよ！　と日本語で怒鳴ったのだが、彼女はぜんぜん動じない。

「ドコイク？　ワタシアンナイ、オシエル、ドコ？」

「もうっ、うるさいなあ、あたしはホテル探してるんだから、ほっといてよ。一人にしてよ、頼むから」

「ドコ、ホテル、ドコイクカ？　アナタヒトリ？　アタシボート……」

彼女はずうっと私の手を握っている。もちろん軽くだけど。で、どんなに歩調を速めてもついてくる。ぴたーっと小判ザメみたいに。そのしつこさたるや、道頓堀《どうとんぼり》のナンパ男も顔負けである。

「ゴゴ、ボートノル？　ワンアワ、2ダラ、ヤスイ、ワタシアンナイ」

「いいかげんにして！　あたしはボート乗らないの、ノーッ！」

ついに私は彼女の手を振りほどいて走りだした。ところが、彼女もダッシュをしてついてくるのだ。ホテルに駆け込んで、フロントの女性にぜいぜい言いながら「部屋あるか？」と聞く。

走り込んで来た私を見てびっくりしている。後から小判ザメ娘もやって来る。

「7ドルの部屋ならあるわ」

「オーケー、チェックインしたい、1泊」

私は鍵を受け取ると、部屋に駆け込んだ。7ドルの部屋は、昨日の相部屋よりもさらに汚く貧しかったが、そんなことはどうでもよかった。リュックを下ろして深呼吸し、それからミネラルウォーターをごくごく飲んだ。

カーテンを開けてベランダから下を覗くと、なんとまだあの小判ザメ娘がホテルの前でうろうろしている。

「なんってしつこいの！」

血が頭にのぼっていた私は、ベランダに出て指を突き出し、叫んだ。

「ユー！　ゴー！」

こっちを見上げていた小判ザメ娘の顔から、すーっと笑顔が引いた。さすがにプライドを傷つけたらしい。彼女は、のろのろとホテルの前を歩み去り、時折うらめしそうにこっちを見ていた。

めっちゃくちゃ後味悪かった。

私の旅のテンションは再びダウンし、私は夕飯も食べずにシャワーを浴びて寝てしまった。やっぱりみんなと帰ればよかった。後悔で吐き気がした。

たんぽぽを愛したらどうでしょう

しつこいヴェトナム人は嫌いだった。

ツアーでいっしょだった白人たちがなつかしかった。彼らは礼儀正しく、清潔で、ユーモアがわかる。それにひきかえヴェトナム人の粗雑さはどうだろう。どうして彼らは私の体にすぐ触るのか！　許せない。

ああ、それにしても私はなんでガイドブックを忘れるなんて愚かなことをしてしまったんだろう。あれがなければ、他の街へどうやって行ったらいいのかもわからない。バスの乗り方もわからない。街に着いたところでホテルの場所もわからない。だって、田舎のヴェトナム人は英語なんて話せないのだ。

「とうとう、あたしの道連れはあんただけになっちゃったよ」

私はリュックの中から『小鳥の歌』を取り出して話しかけた。本に話しかけるなんて、そうとう鬱が入っている証拠だ。いきなりホームシックになったのかもしれない。

腕時計を見ると、まだ夜中の3時だ。お腹がすいて目が覚めちゃったのだ。空腹はよけいに人をみじめにする。私は懐中電灯をランプ代わりにして、本のページを開いた。

たんぽぽ

自分の家の芝生にたいへん誇りを持っていた人が、たくさんのたんぽぽを発見しました。彼は知っているだけの方法を全部用いてたんぽぽを抜こうとしました。それでもなお、たんぽぽは彼を悩ませつづけました。

ついに農林省に手紙を書きました。自分が試みたあらゆる方法を列挙し、手紙の次の質問で締めくくりました。「わたしは今、何をしたらいいでしょう？」

ほどなく返事が来ました。「たんぽぽを愛そうとしたらどうですか。」

夜明けと同時に起きだして、水シャワーを浴びた。

洗面所の汚さは吐き気をもよおしそうだった。壁が腐って崩れている。排水口にはいつのかわからない髪の毛がこびりついていた。見ないことにした。

旅のテンションを上げるためには、まず行動すること。それしかない。

私はバシバシとほっぺたをひっぱたいた。

そして「今日やること」をリストにした。

1. ホテルを探す

2. カントーの街の地図を買う

3. 山田さんに電話して帰れなくなったことを伝える

これでよし！　リュックのサイドポケットにメモをしまおうとすると、何か入っている。取り出すと手紙だった。

「突然のお別れでびっくりしました。僕はこれからヴェトナムの北部を回って、タイに移動して帰国します。たとえ会わなくても、末永く友人でいたいです。よい旅を！　宗方英二」

住所と電話番号が走り書きしてあった。

うれしかった。よーし、元気でたぞ。

人生はヤル気を出した時だけ味方してくれるらしい。


さて、ヴェトナムのホテル探しについて、私は一言アドバイスしたい。

絶対に部屋を見てから決めることだ。日本では「部屋見せてよ」っていう習慣がないから、つい与えられた部屋にそのまま泊まってしまいがちだけど、ヴェトナムでは部屋は見なければダメ。なぜなら、2ドルとか3ドルの違いで「うっそー」ってほど部屋のランクが変わってしまうんだ。

この日私は、私にとって最高のホテルを発見した。

それが「カントーホテル」だ。

カントーホテルはメコン川のフェリー乗り場に面したリバーサイドホテルだ。小さなホテルだが、清潔で品がいい。部屋は10ドルからあった。10ドルの部屋は窓がなかった。13ドルの部屋は窓が小さくて水シャワーだった。窓からは隣のレストランの屋根しか見えない。暗い。

「これじゃダメ。あたしは明るくて、川が見えて、そして風が入って来る部屋じゃなきゃ困るの」

と、懇々《こんこん》と力説すると、ホテルの女主人は「わかった、わかった。じゃあ、ちょっと高いけど」とぶつくさ言いながら16ドルの部屋を見せてくれた。

そこは2階で、川に面した窓があり、窓からはメコン川が見える。ベランダに一番近く、とても明るかった。ライティングデスクと、鍵つきのクロゼット、洗面所は申し分なく広く気持ちよかった。しかもホットシャワー。理想の部屋だ。

「おお、これこそ私の探していた部屋だわ、ここに決めます」

「気にいってよかったわ」

女主人はほっとしたように呟いて、鍵を渡してくれた。カントーホテル202号室は、私にとっても最も懐かしいヴェトナムだ。

私はヴェトナムに来て初めて、自分の望むパーフェクトなホテルに泊まることができた。それは、なんというかすごい勝利感だった。思えば、私はホテルをすべて人まかせにしてきた。自分が望むものは自分の力で手に入れなければいけないのだ。

カントーはホーチミン・シティとは比べものにもならない田舎町だけれど、私にとっては最愛の町だ。この町の魅力はまさにメコン川の魅力。みんなが川ととっても仲良く暮らしている。いろんな町を訪れたけど、カントーほど川を中心にして栄えている都市はないように感じた。メコンデルタの魅力が凝縮されているような町だと思う。

メコン川沿いに市場があって、その市場を取り囲むようにしてさまざまな商店街がある。電気製品、衣類、靴・鞄、食品、フィルム、薬、たいがいのものは市場の周りで手に入る。スリやひったくりも一度も見たことがなかった。物売りや物乞いの子供たちも、みんな明るい。明るい乞食って変だけど、でもそうなんだもん。物乞いのくせに、いつもワシワシとおやつとか食べてるのだ。

ぶらぶらと町を探索してみたけど、市場とフェリー乗り場の一帯が一番おもしろい。怪しげな市場の喧騒、船着き場の往来、いつもいつもたくさんの人がうごめいている。しかも、カントーホテルの並びにある中華レストランは、ホーチミン・シティからやって来るカフェ・ツアーの食事場所に指定されていたんだ。だから夕暮れになると白人が集まってくる。日本で言えば青山、麻布のようなお洒落《しゃれ》な場所なのである。しかもウォーターフロントだ。とーぜん、夜になるとバイクに乗って町の若者たちが何するわけでもなく集まって来てたむろしている。彼らにとってはすごくエキゾチックな場所なんだと思う。私はそのど真ん中に居を構えて、2階のベランダからいつでも町の人々の様子と、メコン川を眺めることができ

Can Tho Hotel

ずっと泊まっていたカントーホテル。
窓から見える景色がお気に入りだった。

たのだ。

ホテルを移動して、ベランダで風に吹かれながら、私は今日の自分のために「333（バーバーバー）ビール」で乾杯した。

小舟が人や荷物をてんこ盛りに積み込んで行き来している。ほんと、鈴なりに人が乗ってる。マンガみたい。往来では靴磨きの少年たちがあっちへぱたぱた、こっちへぱたぱた燕《つばめ》みたいに飛び回っている。アイスクリーム売りがベンチで昼寝している。犬が考え深げに往来をどっちに行こうか迷っている。レストランの客引きが欠伸《あくび》している。

上半身裸の少年たちが、道路でビー玉遊びに興じている。

そんな様子をじっと見ていたら、私はなんだかせつないような気持ちになってきた。

私はヴェトナムに来ていながら、ヴェトナム人をちっとも好きになろうとしてなかったかもしれないって思った。彼らのことをちっともわかろうとしてなかったように思えた。しつこいとか、気持ち悪いとか、そんなことばかり言って、まともに話をしようともしなかったじゃないか、ってそう思った。

「たんぽぽを愛そうとしたらどうですか。」

まさしく、あの本のおっしゃるとおり、ごもっともなのだ。あんまりごもっともすぎて腹がたつくらいだ。

私は、ずうっと自分の殻に閉じこもってたんだ。自分では気がつかなかったけど、自分から何かしようとしなかったから、いつも不安で怖かった。自分に都合のいい相手としかしゃべろうとしなかった。

で、よし、と思い立って、昨日の女の子を探しに行くことにした。

あまりにも邪険に扱ったことを謝りたかったし、それにボートにも乗ってみたかった。そうだ、ボートに乗ってメコン川の夕陽ってやつを拝んでやろうじゃないか。そう思った。

もし、この時、彼女を探しに行こうと思わなければ、ずいぶんと私のメコンデルタ旅行は違ったものになっていたかもしれない。なにしろ彼女とはその後、何度もいっしょにボートで旅をした。家にも泊めてもらった。カラオケにも招待された。無数に喧嘩した。そして、ヴェトナムにおけるたった一人の親友になったんだもの。

虫歯のヴェトナム少女はオウっていう名前だった。

オウは23歳で、中洲に住んでいる。中洲っていうのは、どちらかと言えば貧しい人々の生活区域だった。職業はボート漕ぎ。彼女は1艘《そう》のボートを、ハイという同じ年の女の子と二人で共有していた。

オウとハイは、カントー市場のフェリー乗り場側入り口付近で、毎日客引きをする。客引きと言っても、ただ木陰のブロック塀の上に腰掛けて、往来をぼおっと眺めては二人で世間話なんかしてるだけなのだが。

ハイは背が低くてずんぐりした女の子。オウよりもちょっとだけかわいい。着ているものもちょっとだけお洒落だ。二人は自分のお客は自分で探す、というのを商売の鉄則にしているらしい。だから、オウのお客である私はずうっとオウのお客だった。でも、時折うんと遠出するときは、ボートを交代で漕ぐためにハイが乗って来た。二人は幼なじみだそうだ。

彼女たちは、絶対にホーチミン像よりあっち側には行かない。はっきりとした自分たちのテリトリーが決まっているらしくて、足を踏み入れようとしない。

思えば、私が最初にオウにつかまったのも、このテリトリー内だった。あのとき、オウは市場の反対側にあるホテルまでついてきた。彼女にとってはどえらい大遠征だったのだろうな。

　で、私はオウを発見した。昨日と同じ格好をしてたからすぐわかった。今日は曇りなので笠はかぶってなかったけど、やっぱりコンビニのビニール袋をぶら下げて、ブロック塀の下でうんこ座りしていた。

「見つけた～！　昨日はごめんね」

　私が近寄って行くと、オウは立ち上がって不思議そうな顔をした。

「あたし、ボート乗りたい」

　彼女はいきなり顔をほころばせて、虫歯の歯を見せた。

「ボート、イツノル？　イマカラ？」

「夕方、メコン川の夕陽が見たい」

　ところが、彼女にはどうしても「サンセット」っていう単語が通じないのだ。どうも、夕陽を見るという日本人のロマンチシズム自体、オウにはよく理解できないみたいだった。

「夕陽、サンセット、アンダスタンド？」

　しょうがないので、時計を取り出して、とりあえず5時出発ということにする。どえらい苦労をして、桟橋の上で5時に待ち合わせしよう、とお互いに意思の疎通をする。会話はヴェトナム語と英語と日本語のごちゃまぜだ。だけど、このミックス言語も慣れてくるとけっこうこれでうまいことお互いの言いたいことが通じるので不思議である。私たちは、だんだんと長く過ごすうちに、かなり抽象的なことまで気持ちを伝え合えるようになっていった。今、考えると不思議だ。なんで、あんな難しいことが通じたんだろうって……。でも、その場では確かに、お互いの言いたいことがわかって、喧嘩したり仲直りしたりしていたのだ。

生暖かい強い風が吹きだしていた。ヴェトナムの雨期に長く旅すると、これがスコールの前ぶれであることを嫌でも理解するようになる。一日に一度はこの風が吹き、そして黒い雨雲が現われて雷をともなった豪雨が降る。

約束の時間に桟橋に行くと、オウは自分の船を出す準備をしていた。水ぎわまで下りていくと、手を引こうとしてくれる。

「大丈夫、あたし、船は得意なの」

そう言って、自分で跳び移る。こう見えてもカヌーもシーカヤックもヨットにも乗る。水の上は得意なのだ。

「アメ、アメ、オーケー?」

オウはしきりと空を指差す。雨が来るけど大丈夫かと言っているらしい。私は持ってきたレインコートを彼女に見せた。

「グー！」

そう言って、彼女はゆっくりと手漕ぎボートを漕ぎだした。ボートの後ろに立って、大きな2本の櫂《かい》をクロスさせ、自分の体重をかけて船を漕ぐ。ゆっくりと、体重を移動させるタイミングが難しそうだ。

カントー市場に面しているのはカントー川。中洲を越えると、メコン川の支流（後江《ハウザン》）になる。メコン川はヴェトナムに入るとすぐに大きく2つの流れに分れる。それが下流に来るにしたがって、9つに分れる。ヴェトナム人にとってメコン川とはメコンの9つの支流すべてを指す。だから、メコン川はクーロン（九龍）とも呼ばれているのだ。

そしてさらにさらにさらに支流に支流に分れていって、それはもう人間の毛細血管みたいで、どこにどうつながっているのかはジモティーにしかわからない。支流マップなるものもあったが、さっぱり読めなかった。

カントー川はメコン後江の支流だ。上流を眺めると、メコンとの分れ目が見える。そこは細かく波が立ち、メコンの流れの速さが遠くからでもはっきりとわかった。小舟に揺られながら、彼方に見るメコンは、力強く荒々しかった。

私が、波立つ大河を指差すと、オウがそれを見て短く答えた。

「……メコン」

空は真っ黒になって、稲妻がメコンの上を光りだした。風はさらにひどくなって、オウはとても漕ぎにくそうにしている。でも、顔だけ無理して笑っているところがけなげだった。せっかくつかまえたお客だから、なんとしてでも漕がなければ……と思っていたのかもしれない。必死で漕ぎながら、目が合うと「ニッ」って笑う。笑うと前歯の虫歯が気になってしょうがない。

いつもの夕暮れならもっと明るいのに、雨雲が出ているので、すっかり川面は真っ黒になってしまった。これはもう夕陽どころじゃない。オウはなるべく岸近くにボートを寄せて風を防ごうとしている。岸近くには、水上生活者がいる。船で生活している人、川にせり出したあばら小屋に暮らしている人、さまざまだ。彼女はその家の、まさに軒先で船を漕ぐ。暗くなってランプの点《とも》った家の中が、小舟からはっきりと覗き見られる。

魚を捌《さば》く人、お湯を沸かして夕飯の用意をする人、皿を洗う人。スコールに備えて、荷物にビニールをかける人……。ぎっぎっぎと船に揺られながら、暗闇の中に浮かび上がってくるそれらヴェトナム人の生活を、私は映画館の最前列にいるみたいな気持ちで、じっと眺め続けた。

不思議な気分だった。自分が今、どこにいるのか、何をやっているのか、何者なのかさえ忘れてしまうような、不思議な気分だった。

ぽつん、ぽつんと冷たいものが空から落ちてきた。

「オー、アメ、アメ」

そう言って、オウが私にレインコートを着るように合図するので、私はレインコートを着込んだ。

「カゼ、アメ、サムイ、カエル？」

さすがのオウも帰ろうと言いだしたので、賛成した。時計を見ると、それでも40分近く漕いでいたことになる。

雨雲から鋭い稲光が暗い川面に突き刺さるように光った。

ゴロゴロと地響きのような音が近づいてきて、さすがに怖い。ポツポツだった雨は10秒後には、もうスコールになった。

オウは必死で櫂を漕ぐけど、向かい風なのでなかなか進まない。

小舟の中にはどんどん水がたまっていく。

私は、船底に転がっていたプラスチックのコップで、船の中の水を外にかき出した。

「サンキュー、サンキュー」

オウがうれしそうに言った。そんなわけで、なんとか桟橋に帰ってきた時は、二人ともずぶ濡れだった。オウの櫂さばきはなかなかのものだった。係留の船が押し合いへし合いの狭い水路に、ぐりぐりと船を突っ込んでいく。私ももやいを取るのを手伝った。

「アナタ、ボート、ジョウズ」

オウが私を指差して言う。そりゃそうだ。日本人をなめんなよ、と私はちょっと得意になった。「私の父親は漁師だ」と言うと、オウは「セイム、セイム」と言った。「同じ」って意味らしい。

オウは、サービスのつもりか、もう一度繰り返しこう言った。

「アナタ、ニッポンジン、イチバン、ボート、ジョウズ」

そんなわけで、オウと私のクルージングは毎日続いた。

なによりも、私が好きだったのは、オウの住む中洲の中の生活水路を二人で巡ることだった。中洲の中は湿っぽい村になっていて、人々は貧しい家を水路沿いに建てて生活している。

「ココ、ワタシノウチ、プアネ」

と、オウが指差した家は、本当に本当にボロい家だった。

「トテモ、プア」

彼女はそう言って恥ずかしそうに笑った。

家々の軒先にはみすぼらしい下着や、時には赤いレースのパンティ、巨大なブラジャーなどの洗濯物がぶら下がっていた。メコンデルタの人々はあまり洗濯物を絞らないらしく、ぽたぽたと雫《しずく》が垂れている。

それから、髪を洗っている10代の少女の脇を、船はしずしずと進んでいく。

「チャオ、エム（こんにちは、お嬢さん）」

って声をかけると、少女は手を止めてにっこり笑った。

川に向かっておしっこをしている女の子の前も通りかかった。小さな子供たちはみんな川におしりやちんちんを突き出すようにして、うんちしたり、おしっこしたりしている。大人は、川に面してせり出した床があって、そこでうんちもおしっこもする。そして、手おけで水を流す。手動水洗トイレだ。もちろん紙は使わない。

だから、ボートで移動していると、上からおしっこが垂れてくる時もあった。うんこがぽたぽた落ちてくる時もあった。

そして、その脇では子供たちが水浴びをしている。

その隣では、おばさんが野菜を洗っている。そのまた隣では、食器を洗っている。そして、そのまた隣ではうんこをしている。と、とにかくそのような場所なのであった。

細い狭い生活水路を抜けると、果樹園や畑の水路に出る。そこでは農作業をして働く人々がほんの少しだけいた。

さらに進むと、椰子の生い茂るジャングルに入っていく。エメラルドの光の世界だ。ウォーターココナッツという椰子の仲間が赤い実をつけている。

「タベル」

と、オウが教えてくれた。

広い支流に入ると、いろんな他の船とすれ違うようになる。家族で船に乗り込み、果物や野菜をどこかへ運んでいく。

いつしか私は、自分で船を漕ぐことを覚えて、一人で支流をぶらつくようになっていた。

再び、夢の中の三蔵法師に出会う

カントーの町で、私はただ毎日ボートを漕いでいただけだったけど、それでもだんだん町の人と親しくなっていった。

たとえば、ヴェトナム風エステ屋のオヤジは私の夜の暇つぶしの相手だった。

カントー市場は、夜になると別の顔を見せる。食べ物が姿を消すかわりに登場するのは、怪しげな観光客相手の商売だ。例えば、ヴェトナム風エステ。

こりゃあ相当怪しげだった。まあるい「すずらんの花びら状」のガラスの壺《つぼ》を、アルコールランプの火で温める。十分熱したところで、人間の肌にぴたっと押し当てると、空気圧で皮膚がガラス壺の中に「ぎゅう」って吸い込まれていくのだ。まるでお餅《もち》みたいな形に肉が盛り上がる。

よく「痩身エステ」の宣伝に、背中にいくつもガラスの壺を「はりねずみ」みたいに吸着させた写真が出てくるのを見たことないかなあ？　あれである。

夜の市場には、このヴェトナム風エステ屋のオヤジがやってきて、昼間は野菜や果物が載っている棚の上で人間をはりねずみ状態にする。

ガラスの壺の中にブヨブヨと肉が盛り上がっていく様子はなかなか不気味だ。しかも電気もないランプの下で行なわれるので、まるで縁日の見せ物小屋のようである。エステオヤジは上半身裸で踊るようにガラス壺を振り回す。

ところが、ヴェトナム人にはこの「エステ」が大流行《はや》りのようであった。

このガラス壺の中に肉が盛り上がると、皮膚は鬱血《うっけつ》状態になって、丸い内出血の跡が残る。

「ねえ、この跡ってどれくらいで消えるの？」

とオヤジに聞いたら、

「1週間くらいだ」

とのこと。

で、私は大いに納得した。ヴェトナムに来て、やたらと額とか、肩とか、首とか、時には禿《は》げ頭のてっぺんとかに、丸い紫色の痣《あざ》をつけた男たちを目にして不思議だったのだ。

（なーんか変な病気でも流行っているのだろうか？）

って思っていたのだけど、違うのだ。彼らはみんな、このエステの愛用者だったのである。

このように、ヴェトナムでは奇妙なところに
赤紫のアザをつけた人々をよく見かける。
彼らはみんな"ヴェトナム風エステ"のファンなのだ。

そして、どうやらこの「痣」は、ヴェトナム人にとっては「お洒落の印」らしいのだった。

私はエステオヤジの隣で、いつも外国人観光客のサクラをやっていた。気のよさそうなアメリカ人が通ると「カモン、カモン」と誘って、無理矢理実験台にさせる。白人の肌は白いので、きっとあの跡は10日くらい消えないのだろうなあ。

「オウ、ノー！」

最初不安がってるんだけど、

「国に帰って自慢できるよ」

と言うと、すぐ納得する。彼らは関西人と同じくらいウケ狙《ねら》いが好きなんだな、きっと。

私は、カンボジア人3人姉妹のレストランによく行った。ここには美人3人姉妹がいて、彼女たちは暇な時はよく私の相手をしてくれた。この店には、三毛猫と犬もいて、私が食事をしていると、決まって足もとに来てじっと座っている。チキンの骨とか投げてやると、喜んで食べてた。

まあ、ヴェトナムではどこの店に行っても、残飯整理屋の犬や猫がいるのである。

この店では、いつもマンゴーをサービスしてもらった。ただ、この店はやたらと蚊とショウジョウバエが多いのが難点なのだ。夜、ビールを飲んでいると、ビールの表面がショウジョウバエだらけになってしまって、飲む時にいちいちハエをすくい取らなければならないのである。蚊は足をぶつぶつにしてくれて、かゆみは日本に帰国して1カ月たってもうずいた。何日も滞在しているうちに、私はヴェトナム人に同化していったらしい。

そのうち、店にやってくる白人たちが私をヴェトナム人と間違えるようになった。2週間もメコンデルタを旅するうちに、ついに日本人からもヴェトナム人と間違えられるに至った時には、なんだか「じーん」と感動したもんである。

▼

カントーに着いて5日目の晩に、また、変な夢を見た。

孫悟空に出てくる三蔵法師みたいな格好をした男の子といっしょに、船に乗っているんだ。そいつは背が高くて、顔も長くて、目が細くて、なで肩で、中国人みたいだった。私は一生懸命に2本の櫂を操って船を漕いでいる。三蔵法師はじっと川面を見ているだけなんだけど、彼がいるので船はとてもバランスがとれているな、って私は思うのだった。

目が覚めてから、妙にその三蔵法師の顔が鮮明で、しかもそいつがすごい出っ歯だったのがおかしくて笑ってしまった。へんだよなあ、出っ歯の三蔵法師なんて。

それから、その頃はもう毎朝日課になっていた『小鳥の歌』を1ページ読んだ。

探険家

探険家が故郷に帰ってきました。人々はアマゾンについて何もかも知りたがりました。（中略）探険家は言いました。「行って、あなた方自身で見つけなさい。個人的な危険や個人的な体験は、ほかの人では代わりができないのです。」しかし彼は、人々が迷わないようにアマゾンの地図をかきました。

人々は地図を取りました。それを市役所に備え付けました。個人個人がそのコピーを作りました。そして、コピーを持っている人みんなが、自分をアマゾンのエキスパートだと思いこみました。（中

略)
探険家は、地図をかいたことを後悔しながら暮らしました。

私はなんとなく、なくした『地球の歩き方』のことを思いだした。

いつまでもこうしてカントーに留まっているのは、地図もガイドブックもない不安から旅立てないでいることはわかってた。でも、そろそろ次の行動を起こさなくてはいけないことも、自分ではうすうすわかっていたのだ。


私はヴェトナムに来て初めて東京の友だちに向けて、絵葉書を書いた。

「メコンデルタを旅しています。これから、もう少し奥に行ってみようと思います」

なんとなく、自分への励ましを込めてそう書いたのかもしれない。

で、朝食を買いがてら、ぷらぷらと郵便局まで歩いて行ったのだった。

郵便局のカウンターに行くと、ヴェトナム人の郵便局員が、一人の日本人に向かって、猛烈に怒鳴っていた。もう青筋立てて、唾《つば》飛ばしまくって怒鳴ってた。

私は、郵便局員の態度の悪さにはホーチミン・シティですっかり慣れっこになっていたので驚きもしなかったけど、この日本人は怒りのために硬直して、手はわなわなと震えており、完全に「絶句！」状態であった。

「どうかしたんですか？」

と、声をかけて、彼が私の方を振り向いた時、私はあまりのことに「あーっ！」と指差してしまった。

またしても、またしても私は夢の人物と出会ってしまった。そこには、あの出っ歯の三蔵法師が立っていたのである。

「な、な、なにか？」

彼は怒りと驚きと当惑で、おたおたしながら私を見ている。

「いやー、すごい知り合いにそっくりだったんで、ごめんなさい、驚かせて。で、どうかしたんですか？」

事情を聞いてみるとなんのことはない。彼は国際電話をかけようとした。すると、

「何分通話するのか？」

ふ〜む
夢の中に三蔵法師の姿で
現われた 佐竹卓也（22／横浜）
とにかく英語下手。
どっから見ても中国人。
「ふーむ」と腕組みをして
長考に入ると なにか妙な貫禄
があって、ヴェトナム人ですら
口を閉じる。大物なのか
トロイのか よくわかんない
男の子だった。
ツン
ツン
オイオイ

と聞かれた。何分と聞かれても、そんなことかけてみなければわからないじゃないか、と思った彼は「わからない」と答えた。

すると係の女性は「わからなければかけられないじゃない（このバ～カ）」と、そっけなく彼に言ったのだ。困った彼は「じゃあ5分（でいいよ、このケチ）」と答えた。

そして、電話をかけてもらったが、あいにく先方は留守で電話はつながらなかった。

そして、彼は「応えがなかった」と彼女に伝えると、彼女は「では1万ドンいただきます」と言う。変じゃないか！　電話がつながっていないのに金だけ取るなんて！　というのが彼の言い分であった。

しかしながら、この青年は私以上に英語が不得意のようで、ほとんど幼児並みに単語を並べるだけだったので、郵便局のキャリアウーマンから「英語もできないアホな日本人男」と馬鹿にされたようであった。

私は、彼の代わりにもう一度彼女と交渉することを試みた。

「グッドモーニン」

そう、話しかけても、彼女はツンと無視した。

彼は私に耳打ちした。

「ね、嫌な奴でしょう?」

まったくである。ヴェトナムの国家公務員のしかも女性というのは、ものすごい感じ悪い。つっけんどんで、鼻もちならなくて、いばっていて、どこに行っても嫌な思いをする。

「あのさあ、私はこの子の友だちなんだけど、なんで電話がかからなかったのに1万ドン払うの?」

「手数料に決まってるでしょ」

「手数料だってよ?」

「高すぎますよ」

「でも、この国は通信費が一番高いのよ。外国人料金なんじゃないの?」

「いくらなんでも、かからない電話に1万ドンなんて!」

三蔵法師はどうしても1万ドン払うのが嫌らしい。

「えーと、ちょっと、高すぎるんじゃない?」

私が伝えると「高すぎるですって?」というようなことを彼女はヴェトナム語で叫んで、

「払わないのなら、二度と電話をかけさせないよ」

と言った。それを彼に伝えると、

「かまいません、こんな奴に屈したくない」

と、日本男児の心意気を見せる。

「オーケー、ノーサンキュー。グッバイ！」

と、捨てぜりふを残して、私たちはポストオフィスを出た。

後ろで、彼女がキーキーとヒステリーを起こしている。


「いやー、どうもありがとうございました。すっきりした」

「でも、もう電話かけられないよ」

「いいです。どこか他の町でかければいいんだから」

「いつカントーに？」

「今朝です」

「これから、どうするの？」

「決めていないんですけど〜、なんとなくメコンデルタをぶらぶら旅しようかと思って」

あっはっはっは、私はおかしくなって思わず笑いだしてしまった。

出っ歯の三蔵法師は、神様がつかわした私の道連れに違いない。そう確信した。

「ねえ、あたしといっしょに、メコンデルタを旅しない?」

彼は、かまきりみたいに小首を曲げて、目をパチクリさせた。

それから「うーん」とうなって、そして事もなげに言ったんだ。

「いいですよ」

▼

郵便局で拾った三蔵法師は、佐竹卓也君って名前だった。

年は22歳。横浜国大の学生で、夏休みを利用して旅行に来たのだそうだ。しかし、彼はそんないい大学に通っていながら、からっきし英語が下手だった。思うに英語というのはやはり「なんとしてでもしゃべりたい!」という気迫がないとあかんのだな。佐竹君にはどうもそれが欠ける。

「使ってる単語は田口さんと変わらないのに、なんで僕はしゃべれないんだろう?」

いっしょに旅をしている間、彼は自分のコミュニケーション能力について密《ひそ》かに悩んでいるようだった。

「自意識の問題なのよ。あんたはまだ自意識が強すぎるのだよ、青年」

「田口さんには自意識はないんですか？」

「ううむ……。年とともに減少したなあ。おかげで生きやすくなった」

「ふうむ」

佐竹君は22歳の割には動作が老人くさい。腕を組んで「ふうむ」と長考に入るのは彼の癖だった。

「あんたってさあ、ほんとうに日本人？　中国人混ざってない？」

「ははは。中国に行った時に中国人からも言われました」

佐竹君はよく言えばおっとりしており、悪く言えばぼおっとしているのだが、その分いっしょにいて緊張感がない。それに、ぼおっとしているように見えながら思わぬところで役に立つし、慌てたりしないし、文句言わないし、なかなか素敵な旅の道連れだった。

「佐竹君、本当に何の計画もなくカントーに来たの？」

「はい」

「それって、私と出会えってことだったんだね、きっと」

私は一人で納得した。ううむ、私の霊感がついにヴェトナムで花開くとは思わなんだ。

というわけで、私たち二人はさっそくメコンデルタ巡りの計画を立てた。

「あたしね、メコンデルタを船で巡る旅をしたいの。メコンデルタってね、船から見る景色こそ素晴らしいのよ。今日はそれをまずあなたに教えてあげるからね」

昼飯を食べてから、私は佐竹君を引き連れてオウを探した。

「コイビト?」

オウが佐竹君を見て、ニヤニヤと笑いながら人指し指をくっつけた。

「違うわよ、ただの友だち」

私はいつものようにとっととボートの準備をして「出発するぞお」と合図する。

「田口さんが漕ぐんですか?」

「あったりまえよ、メコンデルタで一番ボート漕ぎのうまい日本人って言えばあたしのことよ」

私は、私のとびっきりのカントーツーリングコースを佐竹君に披露してあげた。ソニーの看板の脇から、中洲の生活水路を抜けて、メコン川へ……。もちろん、佐竹君がボートの旅に魅了されたのは言うまでもない。

特にその日は満月の大潮で、川の水位がいつもより1メートルも下がっていた。

「海の潮が引いて、水位が下がっているのよ」

「ええっ？　だって海からこんなに遠いのに？」

「メコン川は、すごく潮に影響される川だって聞いたけど、私も初めて大潮の日にボートに乗ったわ。見て、泥の中に棲《す》んでいる魚や蛙が今日はよく見える」

「どこどこ？」

「あそこよ、ほら、ここにも」

「？？？？」

なぜか佐竹君は、泥の中で保護色になっている魚や蛙を見つけることができないようだ。

「なんで、田口さんには見えるんですか？」

「うーん、それはね、そこに在《あ》ると確信して見るからよ」

そう答えてから、私は自分でも「そうか」と思った。

人に説明して初めて自分でも納得することって多いよね。佐竹君と旅をしている時は、なんだかその連続だった。佐竹君は私よりもうんと年下で、人生経験はさすがに私の方が上なのだ。アウトドアに関して言えば、私はセミプロである。だから、佐竹君は私のやることなすこと、何にでも質問して、ひたすら感心してくれるのだ。

その度《たび》に、私は「あ、そうか！」って自分でも納得する。

そう、自然の中で何かを探す時は「確信すること」が一番大事なんだ。確信している人だけが、四葉のクローバーも見つけるし、海の中であわびも見つけるし、大海原で鯨《くじら》の影を探し出すことができる。違いは「確信」だけである。


「ねえ、私たちさあ、マングローブジャングルを探しに行かない？」

私は急に思い立って、佐竹君に言った。

「マングローブ？　ですか？」

彼はきょとんとした目で、私を見返した。分厚い眼鏡の奥のつぶらな瞳が左右にくるくる動いていて人形みたいだ。ふうむ、と腕組みしてしばらく考えてから、どのような思考回路の結果かはわからないけど彼は答えた。

「いいですよ」

まったく、素直な青年である。

幻のマングローブジャングルを探せ

実は去年の暮れに、某テレビ局でディレクターをやっている友人と酒を飲んだ。そん時に酔っ払った彼がこんなことを言ったのだ。

「俺さあ、去年ヴェトナムに行ったんだよ。熱帯雨林のマングローブジャングルで、ヴェトナム人ガイドと二人っきりで川を下ってさ、そん時『ああ、この俺という存在って何なんだろう』って初めて真剣に考えたよ」

「ふーん、そこってすごいとこなの？」

「そりゃあもう、10メートルもあるすんげえマングローブのジャングルなのさ。ヴェトナム人に『おまえなんでこんなとこまで来たんだ？』って聞かれてさ『テレビ番組作ってる』って言ったら、日本人は物好きだって言われたよ。そん時俺は初めて俺の存在について考えたんだ。そう！　哲学したんだよ」

「へえ、いいなあ、そんなの、あたしも見てみたいなあ」

「情報は、それだけですか？」

と佐竹君が言う。

「そうだよ」

「せめて、どこの街から船に乗るかとか、それがわかんなかったら探しようがないじゃないですか」

「うーん。カントーとチャウドック近辺にないことはわかってるよ」

「その人に、電話して場所を確認しましょう」

「だって、あんたが喧嘩したから郵便局から国際電話かけられないもん」

「あ、そうでした……」

そこで私たちは、カントーの街で唯一のツーリスト「カントー・ツーリズム」に出向いて情報収集することにした。小綺麗なオフィスには必ず小綺麗な鼻もちならないヴェトナム人女性がいる。もちろん、ここにもいた。

「あのお、メコンデルタにマングローブジャングルありますか？」

「はあ？　何ですか、マンゴーですか？　（全く下手な英語ね）」

「違う違う、マングローブのジャングルですよ」

彼女は大変色白な美人で「ちょっと待ってね」と、口元をひきつらせながらボスのところへ駆けて行った。ごにょごにょお。

(変な日本人の子供が来てわかんないこと言うのよ、ボス)

今度は中年のボスがやって来た。

「メコンデルタにマングローブジャングルありますか?」

彼は爪楊枝で歯をシーシーさせながら言った。

「あるよ」

と、彼が見せてくれたのは、カントー・ツーリズムのツアーパンフだった。

――フローティングマーケットとメコン川の旅1泊2日60ドル――

「どこにマングローブのジャングルがあるの?」

「これだよ」

彼が指差したのは、高さ1メートルにも満たないひよひよとしたただの樹《き》である。

「知らんのか、これがマングローブだ」

私たちはメコンデルタの地図の載ったパンフだけもらって、嘘つきツーリストを後にした。

部屋に戻って、再び地図を広げて作戦会議である。

「ねえ、私はさ、マングローブって西表《いりおもて》島で見たのよ。と、いうことはさ、海の近くの暖かい方に行けば、生息してるんじゃないかな？」

「なるほど、確かに山、というよりも海に近い方にありそうですよね」

「この地図で一番海に近いメコンデルタの街はどこ？」

「うーんと、海に近いと言えば、ミトーかなあ」

「よし、まずはミトーに行ってみよう！」

ってなわけで、なぜかマングローブを求めての珍道中が始まった。

なんでもよかったんだけど、なんか目的があった方が旅は楽しいじゃないですか。佐竹君もだんだんと「幻のマングローブ」に心奪われていくようであった。

「僕、感激ですよ、本当に10メートルのマングローブなんか見たら、ヴェトナムに来たかいがありますよ」

まったく素直ないい青年である。きっと前世は三蔵法師だったんだ。

ヴェトナムでパブリック・バスに乗る時には、いくつかの心がまえがある。

まず、行き先は紙に書いておく。じゃないと、発音が通じなくてぜんぜん目的地と違うバスに乗せられてしまうことになる。

バス乗り場に到着する前に、深呼吸をして気合いを入れておいた方がいい。なぜかってえと、バス乗り場には、正体不明の小汚いヴェトナム人のオヤジがたーくさんいて、外国人を見つけたとたんにわらわらと寄ってきて、一斉にしゃべるのだ。

彼らは親切で寄ってきている。不慣れな日本人観光客を無事にバスに乗せてあげようという優しい心づかいなのだが、最初は襲われるのかと思ってびっくりする。そして、口々に「行き先はどこだ!」と叫んで、もみくちゃにされる。

ここで行き先を連呼してしまうと「よし、俺が案内してやる、あれだ!」と、違うバスに無理矢理乗せられた日本人を私は本当に見た。

よって、絶対に紙切れに行き先を書いて、それを男たちに見せるのだ。すると、人間お神《み》輿《こし》よろしく、わっせわっせとみんなでバスまで運んでくれる。と、どこからともなくバス乗り場の係員らしい男がやって来て切符をくれる。その男に金を払う。ちょっと高いけど外国人料金を払うと必ず座らせてくれるので、文句は言わない方がよいと思う。

バスに乗ったら、なるべく扉近くの椅子に座る。というのは、パブリック・バスはものすごく狭いのだ。佐竹君なんか背が高いから足が伸ばせなくて、苦しさのあまりついには立っていた。でも立っていても頭がつかえてやはりつらそうだった。

ヴェトナムにおいては、デブは生きていけないのだ。あのバスを見ればわかる。あのカフェの椅子の小ささを見ればわかる。何事もコンパクトがよろしい。だから、デカい旅行者は足を前に出せるように扉近くに座った方が絶対に楽である。

窓際はあまり座らない方がいいかもしれない。ヴェトナムのバスは窓ガラスがないのだ。だから埃《ほこり》がもろに入ってくる。雨が降ると雨戸を閉める。でも雨は吹き込んでくる。

フェリー乗り場では、なぜか全員一度バスから降ろされる。

そしてフェリーに乗って川を渡ると、なんてこった、バスがいない！

だが、慌ててはいけない。バスは遥か先で待っているのだ。だからフェリーを降りたら、まっしぐらにバスを探して道を直進するのだ。ぐずぐずしていると置いていかれる。しかも、何台ものバスが止まっているから、くれぐれも自分のバスを間違えないようにすることだ。

困ったことがあったら車掌に相談すること。ヴェトナムのバスの車掌はバスの中で絶対の権限を持っていて、なにかと外国人の世話を焼いてくれてとても頼りになる。けっこう誇りを持って仕事してるじゃん、って感じなのだ。そうだ、ヴェトナム人は個人の権限を持っている。そこがかっこいい。日本だと自分の一存で決められないことが多すぎる。だから一人ひとりの顔がぼやけちゃうんだよ。

で、バスに乗ったらすぐ寝てしまうことだ。目的地に着けば、車掌が起こしてくれる。なんで寝た方がいいかというと、ヴェトナムのバスは、ものすごく運転が荒いのである。バスに限らず、ヴェトナムの車って、みんな道路のど真ん中を走ってくるの。で、車線なんてないの。対向車がやって来るとクラクションを鳴らして威嚇するんだぜ。

パラパラパラパラパラッ！「おーらどけどけどけ、どきやがれ！」

って感じで。で、お互い譲らないの。すれ違う寸前で、気の小さい方がよけるのよ。こりゃあもう、ものすごく恐ろしい。ああ、私はヴェトナムで死ぬんだわ、って5分置きに思うくらい恐ろしい。爆走トラック野郎のカーチェイスが、ヴェトナムの道路では日常なわけ。途中、よけきれなくて無残にもこなごなになった車を見かけることもしばしば。

でも、ヴェトナム人はそんなもん見ても全然ビビらないらしくて、とにかくその運転たる

バスのチケット

TỔNG CỤC THUẾ
CỤC THUẾ TỈNH AN GIANG
Quyển số : 027 5
Ký hiệu : Aa / 96

BẾN XE KHÁCH LONG XUYÊN

VÉ XE Ô TÔ

Tuyến : LONG XUYÊN - TP. HỒ CHÍ MINH

Họ và tên : 3/1/7

Khởi hành lúc : ngày

Số xe : 0678 Số ghế 3

Giá vé :

82377 19800

Xe chạy đúng giờ qui định trên vé, hành khách có mặt trước 10 phút xe chạy.

XN IN AN GIANG

TỔNG CỤC THUẾ
CỤC THUẾ TỈNH AN GIANG
Quyển số : 027 5
Ký hiệu : Aa / 96

BẾN XE KHÁCH LONG XUYÊN

VÉ XE Ô TÔ

Tuyến : LONG XUYÊN - TP. HỒ CHÍ MINH

Họ và tên : 3/1/7

Khởi hành lúc : ngày

Số xe : 0678 Số ghế 2

Giá vé : 19800

82376

Xe chạy đúng giờ qui định trên vé, hành khách có mặt trước 10 phút xe chạy.

XN IN AN GIANG

佐竹君といっしょに乗った恐怖のヴェトナムのパブリック・バス。
まさにアジアの絶叫マシーン！やっぱりヴェトナムに行ったら
一度は乗ってほしい。一度でたくさんだけど。
絶対に窓から腕を出さないように。ほんっとに怖いっす！

や、傍若無人《ぼうじゃくぶじん》、大胆不敵なのであった。

それで、車と車はわずか5センチくらいの近さで擦《す》れ違うから、うっかり窓から手なんか出していたらもぎ取られてしまう。

だから、あのスリルを味わいたいなら、ヴェトナムのパブリック・バスって最高だと思うよ。豊島園の絶叫マシーンの百倍怖いもん。


「ぎゃー、死ぬ」

バスの中で私は何度も目をつぶって神に祈った。

「見ない方がいいですよ、田口さん」

「うん、でも怖いもの見たさっていうか、なんていうか……、ぎゃああっ、ぶつかる」

「僕、ヴェトナム人が戦争に勝った理由がわかった気がする……」

「何、理由って？」

「体が小さいこと、恐れを知らないこと」

そんなこんなで、ミトーに着いた時は、もうへろへろ状態だった。

　しかし、ヴェトナム人は容赦ない。ミトーのバスステーションに降り立つと、またしてもわらわらとシクロ運転手が寄ってきて、もみくちゃにされる。そりゃあもう渋谷のセンター街を歩いているキムタクと同じくらいもみくちゃにされるんだよ。

　バスステーションは街から離れていることが多いから、道のわからない私たちはシクロに頼るほかない。またしても、紙に書く。なんでも筆談しておくにこしたこたあないのだ。金額交渉も筆談で行なえば、記録が残るから後になってボラれることが少ない。

「ミトー市場」と書いた紙を見せると、男たちは一斉に「俺知ってる、俺知ってる、俺知ってる」と騒ぎだす。ここで慌ててはいけない。「バオニュウ（いくら）？」と、全員を見渡すと、だいたい倍の値段を言ってくるので「とーんでもない、あんたらアホとちゃう？　そんなん高すぎるわよ」と日本語で言うのだ。ニュアンスだけはちゃんと伝わるから不思議である。「じゃあ、いくらならいいんだ？」と彼らが怒鳴るので、だいたい半額か3分の1くらいの値段を書く。必ず書く。すると、代表者1名が、その金額にばってんをつけて、ちょっと高い金額を書き込む。つっぱねてもいいけど、めんどくさい時はそれで手を打つ。元気のいい時はとことんやり合えばいい。

▼

ミトーって街はね、ヴェトナムを旅行する観光客にとって一番手近なメコンデルタの街なんだ。だから、ミトーに来て「ふうん、これがメコンデルタか」と納得して帰ってしまう人がすごく多いと思う。ホーチミン・シティからでも日帰りできるので、ツアーがたくさん出ている。観光スポットも多い。

たとえばメコン川の中洲になってるタイソン島には、ココナッツ・キャンディー工場と、果樹園がある。

ココナッツ・キャンディー工場とは言うものの、民家の広い土間でココナッツをぐつぐつ煮たり、キャンディーの型にはめたり……という素朴なものだ。果樹園では自分で摘んだ果物でジュースが飲めたりする。ここはシンカフェの「メコンデルタ・ワンデイツアー」のコースにもなってて、行くとガーデン風のテラスにたくさんのフランス人が座っていて「ここはどこ？」って感じである。「象の耳の魚」も生け簀《いす》にいるぞ。

ミトーから船で20分ほどでフーン島にも行ける。

ここは「ヤシ教団の島」として有名だ。

「ヤシ教団」っていうのはヴェトナムの新興宗教なんだけど、なんでも教祖はヤシの実だけを食べて生活していたそうなのだ。そう聞くとトンデモ宗教みたいに感じるけど、教祖はなかなかの知識人で、仏教とキリスト教の融合を目指してコミュニティを作ったらしい。統一前の南ヴェトナム政府は「民主主義政府」だったので、彼らを徹底的に迫害したそうだ。宗教の自由を認めない民主主義っていうのもおもしろいよね。

で、その教団のお寺と、トーテムポールみたいなタワーだけが今は残っていて、信徒はいなくなっちゃった。教団に関する資料もないし、ガイドもまともな説明をしないので、見物してもなんだかよくわからない。

とにかく、これら観光スポットがミトークルージングのハイライトなんだ。そして、私はホーチミン・シティで「ミトーに行ったからメコンデルタはもう十分」とおっしゃる人々にたくさん出会った。

馬鹿言っちゃあ、いけないよ。ミトーだけを見てメコンデルタを語るなかれ、である。

正直に言うけど、私はミトーは嫌いだ。

ミトーのメコン川は流れが急すぎて、とても小舟では渡れない。川は人と生活を共にしていないのだ。なんだか川が他人くさい。よそよそしい。

その代わり……というのも変だけど、ミトーならではの景色が見られる。漁船の大船団だ。ミトーは川と言うよりも漁港に近いのだ。海に近いので、漁船団が係留されている。漁船団は日の出前にミトーを出発し、河口付近で漁をする。そして、夕暮れになると、メコン川を遡《さかのぼ》って海から帰ってくる。その光景は実に壮観だ。夕陽をきらきら受けながら、累々とメコン川を埋め尽くす巨大な黒い木造船団。船の舳先《へさき》には魚をモチーフにした赤いエスニックな紋様が描かれていて美しい。

小舟で船団の間を縫うように漕いで行くと、ちょっとスペクタクルだ。

でも、そこにはカントーのようなチマチマとした人々の生活は垣間見られない。私が好きなのは人間と動物と川が一体になって共存している光景だ。

たぶん、私はそこに、メコンデルタの人々のスピリッツみたいなものを、感じ取ろうとしていたのかもしれない。

「あたし、この街、あんまり好きじゃない」

川沿いのホテルの通路から、夕陽のメコン川を眺めながら私はふてくされて呟いた。

結局その日は、何の収穫も得られなかったんだ。

ミトーで知り合ったガイドは、20歳の気のいい男の子だった。私は、彼に1時間かけて

「あたしたちは、カフェのツアーのような観光はしたくない。メコンの細い支流をクルージングしたい。人々の生活を見たい、ライスフィールドを見たい。それから、あたしたちはマングローブジャングルを探している」って説明した。マングローブの絵まで描いた。

すると彼は、

「なーんだ、これならその辺にいっぱいあるよ」

と言うのだ。

「ほんと？　でも、小さいのはダメよ、10メートルくらいのマングローブだよ」

「うーん、10メートルはないけど、7メートルくらいならある」

「わーい、この際7メートルでもいいわよ、案内して！」

そして、我々は船で出かけた。なんだかとんでもない流れの速いメコン川を、小さなモーターつきの小舟で30分もかけて上った。波を受けて体中びしょびしょになった。

「どこにあるのよ！　マングローブは？」

「もうちょっと、もうちょっと」

そして、中洲の反対側に回り込むと、彼が指差した。

「これだよ」

「えーっ？　これってだって、どこがマングローブなのよ。だいたい2メートルもないじゃないの？」

「今は水位が上がってるから、5メートルは川の中に隠れているんだ。水位が下がると、ここがジャングルになる」

「てめー馬鹿野郎、日本人をなめんじゃねーぞ！　これがマングローブのわけねーだろうが！　小1時間かけてこんな無駄なことすなっ！」

ボートは時間貸し切りだから、どう考えても時間稼ぎをやられたのである。私はボートの上で怒りまくった。さすがにガイドの青年もビビったようだった。

「ごめんごめん、じゃあ、今度はあんたが行きたいとこへ行くよ」

「あたしが行きたいところは、さっき耳にタコができるほど説明したろうが！　細い支流に行くんだよ！」

青年は悩んだ挙げ句に、タイソン島の果樹園に私たちを連れて行った。そこではカフェのツアーの白人たちが物憂《ものう》げにジュースを飲んでいた。

「ボケっ！　ツアーと同じところへ行くなって言ったろうが」

「ひー、あなた、一番怖い、日本人」

ってなわけで、メコン川を右往左往しているうちに日が暮れてしまったのだった。

「どうも、マングローブジャングルはここではないようですね」

「そうだねえ……」

夜になると、桟橋の脇のカフェバーに、町の若者たちがバイクで乗りつけて来て、夜中までバイクに二人乗りして走り回っていた。若者の流行りはホーチミン・シティでも、ミトーでも、カントーでもいっしょだった。

「佐竹君、あたしさあ、こんなに旅してるのに、どういうわけか未だにヴェトナムが好きになれないんだよお」

遠くバイクの音を聞きながら、私はぼんやりと呟いた。

「僕もです」

「えー？　佐竹君も？」

「はい。なんとなくしっくりきません」

「なんでなんだろうねえ、あたし、たいがいの国は好きになれるのに」

「僕は思うんです」

「うん?」

「この国には、民族の哲学がありません。あるのかもしれないけれど、僕には感じられません」

「ふうむ。でも、活気とエネルギーはあるよね」

「あります。だけど、僕は怖い」

「この活気が?」

「なんだか、このエネルギーはとても昆虫的な感じがするんです」

「昆虫?」

「そうです、僕は子供の頃から昆虫が嫌いでした。今でも嫌いです。昆虫は何を考えているかわからないからです。昔、カブトムシを空き瓶に入れておいたら、そいつは出ようとして死ぬまでもがきました。ただ、もがいているんです。そして死ぬんです。それを見て怖いと思いました。それから、やはり子供の頃に庭でカマキリを見つけて、指でからかっていたんです。そうしたら、カマキリは怒って、自分のカマを振り上げました。そして、おろかにも、自分の首を切り落としてしまったのです。僕はそれを見て、全身が総毛立つほど怖かった」

「で、同じような怖さをヴェトナムに感じるというのね？」

「というか、こうしていたらそのことが思い出されたんです」

確かに、この国の人たちは何かに向かって突進してるような感じがある。欲求と本能にすべてをゆだねて、まっしぐらに向かって来る。そして、怒った時は自分の首を切り落としかねない勢いだ。私が失ってしまったパワーを感じる。かつては私もそういうのを持ってたような、そんな気がする。ただ押し込めて、感情はあまり爆発させないように訓練してきた。

「田口さんは、すごいですよ、ヴェトナム人に負けないパワーがある」

「そんなことないよ、あたしもヴェトナムに来たばっかりの時は、怖くて外に出られなかった。だけど、だんだん自分の中でずうっとくすぶっていた激しさみたいなものが、表に出はじめているような感じがするんだ」

「目覚める、アジアの血ですか？」

「ぎゃははは、そうかもしれない。あたしの家って、父親が漁師の息子で、母親は山の炭焼きの娘なのよ。すごいでしょ？　めっちゃ土着の血が流れているんだよね、本当は。だから親戚が集まると、ヴェトナム人並みのパワーあるよ。でも、ずうっと心のどこかで軽蔑してた。下品だって。もっと上品な家系に生まれたかったって思った。だからヴェトナムにいると、自分のコンプレックスがうずくのかもしれない」
「なんか、かっこいいと思うけどなあ、漁師と炭焼きって」
「うん、最近はそういうのも、いいじゃんって思えるようになってきた。なぜだかわかんないけど」

その晩開いた『小鳥の歌』には、やっぱり訳のわかんないことが書いてあった。

ある禅僧は言いました。
「わたしの家が燃え尽きたとき、わたしは夜空を何にも妨げられずに見ることができた!」

この本は、出来事にぴたってあてはまる時もあれば、なんだか全然関係ない言葉がやってくる時もある。あたりまえだけど。

ぴたってあてはまる時は、私がそんな風に望んでいるからだけなのかもしれない。この本は別に神秘的な本でも、不思議な本でもなくて、ただ私が、旅の刺激を求めて、自分の旅をドラマチックに演出するために利用しているだけなのかもしれない。

そんな風に思った。

それでも、私にはこの本が必要だった気がする。何かのきっかけを、いつもこの本に求めていた。

「ねえ、佐竹君、今、自分が持ってるもので一番大切なものは何？」

私は、蚊帳の中から隣のベッドに話しかけた。

「え？　今ですか？　うーん。パスポートと帰りのチケットかな」

「そーいうんじゃなくてさあ……」

「じゃあ、何かなあ。特に何も持ってないしなあ……」

「そうだよねえ。日本って、何も持ってないしって思えるくらい、物であふれかえってるもんねえ。自分が持ってなくてもいいや、って思ってしまうくらい、なんでもあるもんね」

すぐに、佐竹君の寝息が聞こえてきた。

私は、ずっと考えてた。私を縛っているものってなんだろう、夜空を見えなくしているものってなんだろう。でも、よくわからなかった。

翌日、私たちはヴィンロンに移動することにした。

ヴィンロンのメコンクルーズは、細い水路に入っていくよ、ってミトーで唯一出会った日本人から聞いていたからだ。

また、パブリック・バスに揺られヴィンロンへ。

目指すマングローブジャングルはミトー方面にはない。……となれば、今度はカントーよりも先、ラックザーやバックリエウ方面を探すしかない。

私たちは来た道をまたカントーに向けて戻ることになったわけだ。まったく、計画性のない道中である。

ヴィンロンのバスターミナルから、シクロを雇ってヴィンロン市場へ。

私たちのコンビネーションもすっかり出来上がって、シクロ交渉もお手のものである。

ヴィンロン市場はカントーほど大きくはないけれど、こぢんまりした感じのいい市場だった。

「この街は、ミトーよりずっと好きだなあ」

シクロ二人乗りで疲れた腰をさすりながら、私は呟いた。

「人々の顔つきがいいもん」

たまたまかもしれないけど、ミトーの市場には「いっちゃってる」目をした男が多かったのだ。だから私は一刻も早くミトーから離れたかった。自分とは相性の悪い土地って、カンでわかるんだ。

私は、けっこう治安の悪い国にも旅行に行くけど、ものすごく怖い思いをしたってことがない。でも、人によっては旅行に行く度に「ホテルのマネージャーにいきなり部屋で言い寄られた」とか「劇場帰りの路上で暴漢にスプレーをふきかけられた」とか「サムソナイトごと持ち逃げされた」とか、ぶっそうな土産《みやげ》話をたくさん持ち帰る人もいる。

知り合いの占い師に言わせると、それは一種の病気なんだって。

「病気なの？」

「そうね、事故に遭いやすい人、トラブルに巻き込まれやすい人、みんな持病みたいなものだわね。つまり運命にそういう抗体がないので、免疫を作れないのよ」

「ふうーん、事故に対する抗体ってあるんだ」

「ある。それを持っている人は、あんまり事故に遭わないし、一回事故すると、免疫ができて二度は起こさない。でも、抗体がない人は何度でも起こす。だから持病だと思ってよっぽど用心するか、諦めるしかないのよね」

でまあ、私には抗体があるらしくて、どうも怖いことが起こりそうな場所に行くと、体が嫌がるのであった。

「で、ヴィンロンはいいわけですね」

「そうね。感じ悪くはないわ」

陽射しの強い日で、私たちはまずジュースを飲んで一休みした。もうこの頃には氷もがぶがぶ食べてた。ヴェトナムに来たばかりの時は、氷を捨ててジュースを飲んでたのだけど、氷のないジュースってほんとぬるいんだもん。ずうっと氷食べてたけど、一度もお腹なんかこわさなかったよ。

「あの人たち何やってるんでしょうねえ？」

佐竹君が通りの向こうを指差す。道路に敷いたむしろの上に、一人の若い男性が横たわっていた。その男性にかがみ込むようにして、もう一人の男性が何かしてる。

「うげえ、あれ、ニキビつぶしてるのよ」

「え？　ぎゃあ、ほんとだ。ヴェトナムじゃあ、男同士でニキビつぶし合うんですね」

「いや、あたしが思うにあれは『ニキビつぶし』っていう商売だと思う」

世にも恐ろしい光景ですよ、大の男がニキビをつぶしてるっていうのは。

ヴェトナム人は猿のグルーミングみたいな感じで「白髪を抜き合ったり」「ニキビをつぶし合ったり」とスキンシップをよくしている。親愛の印の時もあるし、商売の場合もある。「移動マニキュア塗り屋」「移動爪切り屋」そして「ニキビつぶし屋」と、なんでも商売にしちゃうのだった。

ぶらぶらと川沿いを歩いていると「クーロン・ツーリスト」なる旅行代理店を見つけた。さっそく入ってみると、妙に鼻にかかった巻き舌の英語をしゃべる男がいた。

「あのお、あたしたち、マングローブのジャングルを探しているんですけど」

男は机の上に足をででん！　とのせて言った。

「マングローブ？　この辺にはないよ」

「え？　じゃあ、あるとこ知っているんですね？　やったー。今まで誰一人知ってる人に会えなかったんですよ」

「ふん、俺を誰だと思っているんだ。クーロン・ツーリストだよ。メコンデルタのことはなんでも俺が知っているのさ。メコンデルタのツアーはうちが最高さ」

そう言って男は部屋のあちこちに飾ってあるツアーの写真を指差して威張った。

「私の探しているのは、10メートルもあるような巨大なマングローブの密林なんですけど、本当にあるんですか？」

「ある」

そう言って男はおもむろに地図を取り出した。

「ところで、あんた方はこれからそのマングローブに行くつもりか？」

「できれば」

「マングローブのジャングルはここにある」

彼が指差したのはメコンデルタのはずれ、ハーティエンからラックザーの間だった。

「こんなとこに……」

「ハーティエンからラックザーまで、船を仕立てて下るのだ。約5時間の船旅だ。ここはあんたが言う10メートル級のマングローブジャングルだ。ただし、この船旅は容易ではないよ。なにしろこの地域には、恐ろしい3つの生き物がいる」

「なんだろ、ワニかな……」

私は思わず佐竹君の顔を見る。

「ふうむ……」

男は脅すように私に顔を近付けて言った。

「蚊と毒蛇と蛭《ひる》だ。この辺にはマラリア蚊がいるので、絶対に肌を出していてはいかん。しかも最近は新種のマラリアが発見された。このマラリアにはまだ特効薬がない。かかったら死ぬ。蛭は、木からぽたぽたと落ちてきて血を吸う。吸われた傷口からはいつまでも血が流れ続ける。蛇は、もちろんコブラだ。凶暴だよ。だから、行くのであれば、十分に旅支度をととのえることをお勧めするね」

男はそう言って、すっぱーっと煙草の煙を吐いた。

「で、君たちはこれからどうするのかね」

「えっと、とにかく一度カントーに戻って旅の準備をしないといけないなあ……」

「そうか！　それではぜひ、カントーまでボートで行くといい。ヴィンロンからカントーまでのボートクルーズは最高だよ。約3時間、メコン前江《ティエンザン》からメコン後江を結ぶ水路を通っての船旅だ。椰子の木、小さな村々、手を振る子供たち、水牛の群れ……、メコンデルタの美しい生活がそこにはある」

「そ、そ、それ、乗った！」

ってなわけで、私はまんまとクーロン・ツーリストのオヤジに乗せられて、ヴィンロンからカントーまで船で旅することになった。金額は40ドルとてつもなく高いが、屋根つきのボートを二人で貸し切りだ。

私たちはルンルン気分で、市場でおやつなんか買い込んで船旅の準備をした。

ところが、出発の20分前に雷とともにスコールがやってきたのだ。

「おっさん、こんなひどい雨じゃあ、出発できないよ」

私は文句を言って、クーロン・ツーリストの事務所で1時間ほど時間をつぶした。だが、オヤジはなんとか私たちを出発させようと焦っている。なぜかというと、出発が遅くなると日が落ちてボートが帰って来られなくなるからなのだ。

1時間が過ぎても、雨足は変わらない。でも、男は窓の外を見て叫んだ。

「おお、ずいぶんと向こうが明るくなってきた。もう大丈夫、あっちは雨が上がっている、さあ暗くならないうちに出発だ！」

こうして私たちは、クーロン・ツーリストのオヤジに無理矢理船に乗せられて、どしゃぶりの雨の中をカントー目指して出発したのだった。

この船旅は素晴らしいものだった……と、思う。もし天気がよかったならね。

カントーホテルの熱いシャワーを浴びて、ようやっと私たちは血の気を取り戻した。

「ひー、寒かったねえ。もう、地獄のようだったよ」

「僕、時々意識が遠退《とおの》きました」

佐竹君の手は、本当に蠟《ろう》人形みたいな色になっていた。どしゃぶりの船は、めっちゃ寒かったのだ。

「とにかく、あったかいもの飲みたーい」

私たちは、いつもの中華レストランで熱いお茶を飲んだ。

「結局、またカントーに舞い戻ってきちゃったね」

「でも、ついにマングローブジャングルを見つけたじゃないですか」

「うん。前途多難そうだけど……」

「僕、本当は田口さんといっしょに、マングローブのジャングルを見たいです。すごく見たいんだけど、ラックザーはちょっと遠すぎる。僕は3日後の飛行機で帰らないといけないから……」

「そうか、ごめんね、変なことにつきあわせちゃって」

「ううん、すごく楽しかった。絶対にマングローブのジャングル見つけてきてください。僕は明日、バスでホーチミン・シティに帰ります」

ホーチミン・シティと言えば、私はシャレコウベ山田に「すぐ帰るよ」と言って旅に出たきり、一度しか電話を入れていない。山田さん、どうしてるかなあ、もう事務所を追い出されちゃったのかなあ……。急にそんなことが気になりだした。

きっと佐竹君と別れるので、ちょっと淋しくなったんだと思う。

ところが、その晩はよほど船旅が疲れたのか、夢も見ずに眠ってしまった。

朝、寝床で開いた『小鳥の歌』には、こんな話が書いてあった。

塩の人形

塩の人形が、陸地を何マイルも何マイルも旅をし、ついに海にたどり着きました。

人形は、今まで見たことがらとどんなものにも似ていないこの奇妙な動く広がりに心を奪われました。

「あなたはだれですか?」塩の人形は海に尋ねました。

海はほほえみながら答えました。「なかに入って、確かめてごらんなさい。」

そこで人形は海に飛び込みました。海のなかに入って行けば行くほど、人形は溶け、ついにほんのわずかしか形がなくなりました。最後の形が溶けるまえに、人形は感嘆して叫びました。「今こそわたしは、わたしがだれなのかわかったわ！」

おもしろいな、って思った。私がマングローブジャングルを探しているのも「俺は何者なんだ」って思った友人の話を聞いたからだもの。

もしかしたら、私は、私が誰なのか知りたいのかもしれない。そのために、こうして旅しているのかもしれない。でも、それっていったいどこに行けば見つかるんだろう。

私にとっての海って、どこなんだろうなあ。

さよなら、こんにちは、さよなら

私と佐竹君は、カントーバスターミナルに向かうべくシクロに揺られていた。私も佐竹君も、このままバスターミナルで別れるなんて、まだ信じられなかった。毎日旅をしていると、なんだか先のことをあまり考えなくなるんだ。とにかく、今この瞬間のことしか頭になくなる。シクロをどうやって値切るか、とか、朝飯をどうするか、とか。だから、10分後にはさようならするんだってことを、わかっててもあまり重要なことに思えなくなっちゃってたんだ。

カントーバスターミナルに着くと、砂糖にたかる蟻のように男たちが寄ってきて、佐竹君と私はゆっくりお別れをする間もなく、それぞれのバスに引き裂かれてしまった。

「もう、ちょっと待ってよ、あたしは彼とお別れがしたいんだから」って言っても、ヴェトナム人、誰も聞いてやしない。おまえはどこに行く、おまえのバスはこっちだこっちだ遅れるぞ、と騒ぎ立てる。

「佐竹くーん、元気でね！　いつかまた会おう！」

「田口さーん、がんばってマングローブ、見つけてくださいね」

佐竹君は、あっという間にホーチミン・シティ行きのバスの方へ連れ去られて行った。

私は、発車を待っていたロンスエン行きのバスに、ぎゅうぎゅう押し込まれた。そして車掌の指示に従って座席に座ると、バスは余韻もなく「ぶおん」と発車してしまった。佐竹君は別れ際に住所を書いた紙をくれたのに、私は彼に電話番号を渡す暇もなかったのだ。

あっけないお別れだった。でもこんなものだ。

ふうって溜め息をついて感傷にふける。

もっとゆっくりお別れできると思っていたのに、なんでいつもバスターミナルって慌ただしいのよ、まったく！

窓の外は晴天。久しぶりのお天気。でも夕方にはスコールが来る。

そういえば、まだ一度も舟でメコン川の夕陽を見たことがなかったっけ。

ロンスエンの街でホテルを探して歩いていると、一人の日本人男性と出会った。

さようなら、こんにちは。旅は本当にこの繰り返しだ。

顎鬚《あごひげ》にサファリジャケット、ニコンを持ったこの男性は滝沢正司さんと言う。彼は富山県の小学校の教員をしているそうだ。夏休みを利用しての旅行らしい。

昼食をいっしょに済ませて、打ち解けた私と滝沢さんは、ロンスエンの「エアコン、ホットシャワー付き」ホテルを二人でシェアして泊まることにした。20ドルのツインをシェアするから、一人10ドル。ヴェトナムでは本当にお金を使わない。安い宿なら20円からあるんだよ。

佐竹君は年の離れた弟みたいだったけど、滝沢さんは年も近いし、それにどこか得体が知れないところがある。いっしょの部屋に泊まるのはちょっとだけビビったけど、

「結婚してる?」

って聞いたら「新婚」って答えたから、まあ、信用してみることにした。

シャワーを使う時もなんだかドキドキする。年下の男の子たちとはぜんぜん平気で泊まれたのになあ……。

ひと心地ついてから、私たちはぶらぶらとロンスエン探索に出かけることにした。私はマ

ングローブの情報を手に入れたかった。ただ、佐竹君がいないとなんだか気持ちが沈む。やっぱり彼と二人で見たかったな……とめそめそ思う。

ロンスエンの市場をひととおり歩いて回ってから、私たちは川沿いの民家が立ち並ぶ地帯へと足を踏み入れてみた。そこでは、裸の子供たちがサッカーをして遊んでいた。滝沢さんは子供たちを見ると、小学校の先生の血が騒ぐらしい。いきなり仲間に入ってボールを蹴《け》りだした。そういう時の彼は別人みたいで、なんかほっとしちゃった。

そこに、夕方のスコールがやって来た。

しかたなく雨宿りに寄ったカフェで、私はいきなり変なヴェトナム人に話しかけられた。タンさんは、背の低いキューピー顔のヴェトナム人。なぜか我々に、なみなみならぬ好意を抱いているように見えた。彼は鼻と鼻をくっつけんばかりに顔を寄せて私に話しかけてくる。しかしながらその英語たるや、とてつもなく下手。インチキ英語である。

滝沢さんはヴェトナム人が嫌いなのか、こっちを見ようともしやしない。

「ねえねえ滝沢さん、この人がさ、今夜7時にうちに遊びに来ないか、って誘ってるんだけど、どうする？」

「えー？　どうして？」

「彼は英語の勉強をしているんだって。で、自分はまだ英語は不得意なんだけど、彼の英語の先生を呼んでくるから、いっしょに英語でおしゃべりしましょうってことらしい。つまり、英語の練習相手をしろってことなのよ。どうする？」

するとと、滝沢さんが、一言ぼそりと言った。

「俺、英語、全然ダメなんだ」

「え？」

彼の目はマジだった。

「だって先生なんでしょう？」

「小学校には英語の授業ないもの……」

彼はものすごく不機嫌そうにうつむいた。

本当に、滝沢さんは、私が知る限り、たったの一度も英語をしゃべらなかった。

夕食を済ませて7時に待ち合わせのカフェに行くと、店の奥から昼間の小柄なヴェトナム人（タンさん）が出てきて、母屋の方に案内してくれた。洒落た木彫りのテーブルのある部屋に案内された。彼は、この店のオーナーらしかった。

クラッシュアイスがどっさり入ったグラスに「333ビール」が注がれて、どーぞどーぞと勧められる。それではと一杯やっていると「先生」がやって来た。

「グッド、イーブニング、エブリバディ」

どっひゃー！　すんげえ、ヴェトナム訛りの英語だった。

でも、先生はロンスエンの英語教育の第一人者で、学校の英語教材の編集もやっているのだそうだ。年齢はたぶん65歳くらい。

なぜか、彼の英語は吃《ども》る。「k」とか「c」が単語に入ってくると、カカカカとか、ククククって感じで吃るんだ。それがなかなかユーモラスでかわいい。

先生は言った。

「諸君、英語というものは、素晴らしい。我々は英語がなければこうしてお互いのことを語り合うことはできない。英語があるから、英語を知っているから、こうやって違う言語の民族が友だちのように語り合うことができる。英語万歳！」

ふむ。でも、それは本当にそのとおりだ。私がヴェトナムに来てかろうじてコミュニケーションをとれたヴェトナム人は、みんなちょっとでも英語を理解する人たちだった。

滝沢さんは、もちろん終始黙っている。うなずいたりはするけど、声を発しない。

Let's speak English!

とても英語の下手なヴェトナム人タンさんとタンさんの英語の先生。タンさんは先生に絶対服従らしく、先生を敬う様子は見ていてほほえましかった。
やっぱりお年寄りを大切にしている姿は美しい！ だからヴェトナムのお年寄りはなんだか みんないい顔をしている。
みんな賢者みたいに見える。

まるで英語をしゃべらない滝沢さん（小学校教諭）
ホーチミン・シティで再会して日本人の友達と4人で食事した。日本語でもあまりしゃべらない人だった。
日本語でおしゃべりな奴は どこに行ってもしゃべるものね。

「さあ、諸君、ヴェトナムのことはなんでも私に聞いてくれたまえ、今夜は12時まで飲もう」

ひー、元気なじいさんだ。

私はさっそく、マングローブジャングルのことを聞いてみた。

すると先生は私に諭すようにこう言うのだ。

「これこれ娘よ、あんなところは女性の行くようなところではない。どれくらい危険なところかわかっているのか？ だいたいハーティエンからラックザーまで5時間で行けるはずがない。おい、おまえ、行けると思うか？」

タンさんはぶるんぶるんと首を横に振った（先生には絶対服従みたいだった）。

「そうだな、だいたい船で3昼夜はかかるはずだ」

「3昼夜ですって？」

「さよう、絶対に行ってはダメだ。危なすぎる。生きて帰って来られる保証はない。それよりもチャウドックに行ったらどうかね。あそこはいいところだよ」

「チャウドックはもう行ったもん」

「それは残念だ。チャウドックなら私がホンダで君を案内してあげたのに」

「あたしは、川を旅したいの。川から見た景色、川と生きる人々と触れ合いたいの。メコン川が好きなの」

「めずらしい日本人だね、君は。おい、おまえ。では彼女のために明日ボートをチャーターして川を案内してあげなさい」

先生の命令は絶対らしかった。タンさんはちょっと迷惑そうな顔をしたけれど、とにかくひょんなことから、私はロンスエンをボートで見物することができることになったのだ。

「でも、マングローブはダメだ。諦めるんだね」

そして、先生の講釈は本当に12時まで続いたのだった。

氷入りビールのおかげで、腹はがぼがぼ。夜中に滝沢さんとトイレを奪い合っちまったよ。

翌朝は7時起床。私と滝沢さんはロンスエンボート観光のために、ゆうべの店を再度訪れた。さすがに眠かった。

朝の歩道を歩きながら、滝沢さんが心配そうに話し掛けてくる。

「田口さん、マングローブは諦めた方がいいですよ。僕は、ボートで観光したら、バスでホーチミン・シティに帰るけど、田口さんはどうする？」

私は、どうしようかなあって思った。

「あたしは、またカントーに戻る。それからどうするか考えることにする」

「よっぽど、カントーが気に入ったんだね」

滝沢さんは、そう言って笑った。

店に行くと、先生がホンダでやって来たところだった。

「わしゃ、ボートには乗らないが、朝飯をいっしょに食べようと思ってね」

まったく元気だ。こっちがぐったりしてるっていうのに。

朝食は、もちろん日本人のおごりである。ゆうべのビール代だってずいぶん多めに払った。親切にするのはヴェトナム人、お金を出すのは日本人。年とか性別は関係ない。ま、慣れてくれば腹も立たない。

先生は、何度も「手紙が欲しい、ぜひ手紙をください」と念を押していた。旅行者の世話を焼いてお礼の手紙をもらうのが、彼の何よりの楽しみらしかった。そして、「次回は絶対にうちに1週間泊まりなさい」と、これまた何回も念を押していたっけ。

ロンスエンのボートクルーズは、特筆すべきことは何もない。

ミトーといっしょで、私が見たい景色はほんのちょっと。タンさんは景色の単調なメコン川をただただボートで走って、果樹園に連れて行こうとした。拒否して「狭い川、細い川」と何度も伝えたけど、先生がいなくなってしまって、英語がぜんぜん通じなかった。訛っていようが、吃っていようが、やっぱり、先生は偉大だった。

それに、私の英語のことも「めちゃくちゃだけど、なぜか通じる」ってほめてくれたし……。


カントーに向かうパブリック・バスの中で、いきなり滝沢さんが「俺さ」って言いだしたからびっくりした。滝沢さんって、自分のこと「俺」って言うんだあ、と思って。

そういや、この人、自分のことはちっとも話さなかったんだ。

「俺さ、受け持ちのクラスに場面寡黙の子供がいるんだ。あ、場面寡黙ってわかる?」

「えっとお、普段はしゃべるんだけど、ある場面になるとしゃべれなくなることだよね」

「うん。その子は家ではしゃべるんだけど、学校では一切口をきかない。今年から担任になったんだけど、ちょっと知的な発育が遅れているみたいで、もう学校の勉強についていけなくなってる。家庭訪問したけど、家も事情が複雑みたいだった」

「障害児なの？」

「違うと思う。情緒が不安定だから、知能の発達が邪魔されてるんじゃないかと思うんだ。運動も苦手で、跳び箱も飛べないし、駆け足も遅い」

バスは相変わらずの猛スピードで、カントーに向かって爆走してた。さっきまでうとうとしてた私は体を起こして滝沢さんの方へ向き直った。

「どうしてやったらいいもんかなあ、ってずうっと悩んでたんだ。小学校の教師って、そういう情緒障害児の教育について特別な指導なんて受けてないし、実際、よくわからないんだ。どうやって接したらいいか。何をしてやったらいいのか。うちの学校は1年ごとに担任が替わっていくから、何もしてやれないまま、もう次の先生に引き渡すことになる。今、5年生なんだけど、そうやって、あいつは、みんなから遅れたまま、中学まで行ってしまうのかもしれない」

「難しいよね、他にも生徒はいっぱいいるし、親の協力がなかったら、先生のできることって限界があるもんね」

「でさ、俺いつも、あいつはなんでしゃべらないんだろうって思ってた。しゃべれるくせに、どうして黙っているんだろうって不思議だった。だけどさ、昨日、今日って、俺も場面寡黙やってたな、って思ったら、なんかおかしかったよ」

「え？」

「俺さ、ほとんどしゃべらなかった。あれって、場面寡黙だよな。英語へのすごいコンプレックスがあるんだ。だから、田口さんみたいに、なんでもいいからしゃべっちゃえ、ってしゃべれない。ああ、もうめんどくさいからいいや、って思ってた。いい大人が恥ずかしいよ。でもさ、俺がこんな風じゃ、あいつも勇気出せないよなあ、って思った。周りの大人が口ばっかりの意気地なしじゃなあ……」

「あたしも全然しゃべれなかったよ、怖くて。でもね、外国人のツアーに参加して、いろんな国の人と仲良くなって、それでちょっと変わった。話そうと思えば通じるんだな、って思った。自分を変えてくのってめんどくさいし、恥ずかしいし、大変だけど、ちょっとだけ勇気を出すと、変えなくたってありのままの自分を出すことができるようになるんだなって思ったよ。その方がずっと楽でおもしろいってこともわかってきた」

「俺はさ、そんなに自分にこだわらなくてもいいや、って思ってしまうんだよね」

「そういえばさ、滝沢さんて、口癖だよね？　ま、いいや、っていうの」

「え？　ほんとうに？」

「うん。よく言ってるよ。ま、いいや、って。そういう時って、なんかこっちまでてきとうに扱われたような気になるよ」

「気がつかなかったなあ……」

「ヴェトナムに来た日本人は、よく言ってる。ま、いいや、って。ヴェトナム人は、絶対に妥協なんかしないけどね」

妥協を許さないバスの運転手が、対向車にクラクションを鳴らし続ける。パパパパパパパー。あんまりクラクションを鳴らしたもんだから、クラクションがへこんだまま元に戻らなくなった。

パ――――――――――――。

乗客はみんな大喜びではやしたてる。それでもバスは猛スピードで走り続けた。

メコンの流れに身をゆだね

私たちは、カントーで別れた。

私はまた一人、カントーに戻ってきたわけだ。なんだか、メコンデルタを行ったり来たりしている。ホーチミン・シティを出てから、もう2週間がたとうとしていた。

考えてみたら、日本に帰るまでに、あともう10日しか残っていないのだった。

カントーホテルに行くと、フロントのオーナー夫人が黙って202号室の鍵を出してくれた。

「よほどここが気に入ったようね」

部屋に入って、窓からメコン川を見たら、心底ほっとした。

しーんって静かだった。そうか、久しぶりにまた一人きりになったんだ。

最初は汚いと思ったメコンの茶色い水が、今はきれいだと感じる。まったりと命濃く感じる。なめらかで優しく感じる。人間の美意識なんていい加減なもんだ。

いつもと変わらぬ、船着き場の活気、靴磨きの少年たち、果物であふれかえる市場。

その晩は、故郷へ帰ったような、安らかな深い眠りについた。


翌朝から、またいつもの生活が始まった。

市場のオババのところでサンドウィッチを買って、フェリー乗り場前の野外カフェでお茶を飲みながら朝食にする。

そうこうしていると、中洲から小舟を操って、オウとハイの二人組がやって来る。

二人は私の顔を見つけると、

「わー、なんでまたいるのお？」

と驚いて駆け寄って来た。

「やっぱり、カントーが一番いいもん。さあ、今日もボートに乗ろう」

オウは私とボートに乗ると自分が漕がなくていいものだから、うれしくてしょうがないのだ。日本人が漕いでヴェトナム人が座っているので、すれ違う船たちが、

「いつからお客になったんだ〜」

と、からかっていく。そんな時のオウはちょっと誇らしげに見えた。

「ユー、コンヤ、カラオケ、イッショ、ウタウ」

「いいよ、今夜ね」

「ロクジ、サンバシ、ミートネ」

オウとハイの家には2回ほど泊めてもらった。

二人の家は小さな路地を挟んで向かい合って立っている。つまりお隣同士なのだ。ハイの家も父親が亡くなっていて、ハイと母親と妹の3人暮らし。3人とも観光客相手のボートで生計を立てている。ハイのお母さんも市場の前に立って客引きをしているのだった。ハイの家はオウの家よりも、かなり広くて立派だった。そういえば身なりもハイの方がきれいにしているし、ちょっとだけハイの方が美人だ。

二人はいつも私に「キムラ」という日本人の話をしてくれる。

二人の説明によると「キムラ」はボートに乗ってくれたお客さんで、日本に帰ってからも何通も手紙をくれているのだった。もちろん、二人の「お客様推薦ノート」にも「キムラ」は一筆書いている。

「キムラ」は、二人には「教師」だと名乗っているらしいけど、ノートに書いてある文章は「これって本当に日本人？」って思うほど誤字脱字がひどくて、とても教師とは思えない。写真を見せてもらうと年齢は50歳くらい。独身だそうだ。

で、「キムラ」はハイをご贔屓《ひいき》だったらしくて、東京からハイにだけ「ミッキーマウスの時計」を贈ってあげていた。

「これ、キムラくれた」

って、ハイが時計を見せる時、オウはちょっとだけ傷ついた顔をする。

男っていうのは酷なことをするものだと思う。二人はこんなにいつもいっしょにいるのに、プレゼントは美人にしかあげないのだ。

カラオケは近所のお金持ちの家に借りに行く。

どうも申し込み予約制みたいで、

「明日、日本人の友だちを連れて行きたいから、カラオケ貸して」

ボート漕ぎのオウとハイ

二人の家はどちらもお父さんが病気で亡くなっていた。
だからとても貧乏。でも遊びに行くと大観迎してくれる。

そんな時
オウはちょっぴり
かなしくなる。

ハイの方が
かわいいので
得することが多い。

と頼むと、

「ほいさ。じゃあ8時から9時までね」

ってな感じらしい。

私は二人に連れられて、カラオケのあるお金持ちの家まで行った。そこは村の社交場らしくて、他にも近所の人たちがたくさん出入りしていた。外国人を連れていくのはちょっとかっこいいことらしくて、私はしきりに「日本人の友だち」として紹介された。

もちろん、日本語のカラオケはないんだけど、英語の歌がたまに出てくる。英語の歌になるとマイクが回ってくる。

「ダイアナ」とか「この世の果て」とか、古くさーい歌ばっかりだったけど、けっこう楽しかった。でも、ヴェトナムでは相手の歌に拍手する習慣っていうのはないらしい。ヴェトナム人とは何度もカラオケに行ったけど、誰も拍手しないんだもん。

カラオケが終わってから送ってもらうことになっていたのだけど、二人は泊まれ泊まれと言う。せっかくだから泊めてもらうことにした。

オウの家は家族が多くて狭いので、ハイの家に泊まることになった。

ヴェトナム人の家に泊まって、困るのはトイレだ。

最初、トイレに案内されたけど、どこで用を足すのかわかんなかった。

「トイレどこ？」

って聞いたら、

「ここ」

って指差されたのは、セメントの打ちっぱなしだった。

その台にはゆるい傾斜がついていた。その傾斜の先には椰子の葉で編んだドアがあり、そのドアの向こうは川だ。つまり、おしっこは傾斜を流れて川に落ちるわけですね。囲いなんてもちろんない。トイレ兼、洗濯場兼、水浴び場なのである。

さすがの私も、どうしてもうんこはできなかった。第一、紙がない。どうやら瓶の水を使って手で洗うらしかった。水の入った瓶がたくさん置いてある。もちろん、この水で料理もする。

朝はハイのお母さんがフォーを作って出してくれる。あの便所の瓶の水を使ったんだなあ、と思うと、食べるのに勇気がいったけど、でも食べてもお腹なんかこわさなかった。案外、私の腸は丈夫みたいだ。

折しも日本では大腸菌O‐157騒ぎの真っ最中。

ヴェトナムにいる私からすれば、あの清潔な日本で集団食中毒発生なんて、全く信じられない出来事だった。

二人の家族の写真はフィルム2本分くらい撮らされた。

だってカメラの前でポーズをとられたら、写さないわけにはいかないじゃん。みんな、衣装を替えたりお化粧したりして、際限なく写真を撮ってくれとせがむんだ。写真はとても貴重品らしい。寝巻きに着替えたハイの妹にカメラを向けたら「足が出てる服の時はダメ」って言われた。そうか、だからヴェトナムではほとんどスカートというものを見ないんだなあ、ってわかった。

オウとはよく喧嘩した。

一度、偶然知り合った日本人の二人連れをボートに誘ったことがあった。そしたら、オウは勝手にモーターボートをチャーターしてきたのだ。

「あたしは、モーターボートなんて頼んでないよ、手漕ぎでいいのになんで勝手なことする

「だって、二人を乗せるのは重くて疲れるんだもん」

「なに馬鹿なこと言ってるの、疲れるって、これはあんたの仕事じゃないの、あんたの都合で勝手に値段を変えられたら、紹介したあたしの立場がないわよ。甘えないでよ」

　大声で喧嘩をしていると、周りにわらわらとヴェトナム人が集まってくる。最初はこれが怖かった。でも、彼らは決して身贔屓なんかしないのだ。私が怒っていると、周りのヴェトナム人が口をはさみ出す。

「そりゃあ、彼女の言い分が正しい、おまえが間違っている。約束したことを勝手に変えるのはよくないぞ」

　とまあ、仲裁をしてくれるわけだ。

　オウは「私は今日はもうボートを漕ぎたくない」と捨てぜりふを残して歩き去った。

「いいわよ、ボートはいっぱいいるんだから」

　私も怒鳴り返す。でも、しばらく市場前のカフェに座っていると、オウが戻って来て、私の前をわざとらしく行ったり来たりするんだ。

「オウ、さっきはあたしも悪かった。でも、あたしは、手漕ぎボートのカントーを、日本の人たちに見てもらいたかったんだ。あれが一番好きな風景だから。ごめんね」

するとオウも、手を握ってきて「ごめんなさい」と謝るのだった。

「ごめんなさい、私、生理で具合悪かった」

そうかあ、と思う。それでも、あんたの仕事なんだからがんばんな、としか言えない。


ある日オウが、ボートを椰子の木陰に止めてこんなことを言った。

「ユー、もし私が、結婚する時は、日本に手紙を出したら、私の結婚式に来てくれる?」

「うん、絶対来る。約束するよ」

「じゃあ、ユーも結婚したら、旦那さん連れて来てね。私は日本に行くことができないから」

オウの言葉に、私は改めてヴェトナムは社会主義国であることを思いだした。ああそうか、この国の人は自由に外国に行くことができないのだなあって。それに、オウが日本に来たらあまりの物価の高さにひっくりかえっちゃうよ。だってホテルに一泊したら、オウの1年分の収入が吹っ飛んでしまうんだから。

「あなたが自由だから、あなたにはメコンの景色が自由に見えるんですよ」

そう言ったハンさんの言葉を、ふと思いだした。

自由って何だろうって、思った。


私は、毎日毎日ただ市場の中をぶらぶらと歩き、天気がいいと自分でボートを漕いで、疲れるとホテルの窓から人々を見下ろしていた。

そうやって、ただ見ているとなんだかだんだんと気持ちが落ち着いてくるみたいだった。ただ見ているのがおもしろくてたまらなかった。全然飽きなかった。

川や、街や、市場や、ボートで渡る人々や、物売りや、働く子供たちや、公園のベンチの木陰の床屋や、おじいさんや、おばあさんや、犬や猫やあひる。

それらのものを、ただ見ているだけでよかった。

そこに自分が入っていけるとはもう思ってなかった。

でも、街の人たちは、そんな私のことをとても優しく受け入れてくれるようになっていった。だから私はずうっとカントーにいた。時々、マングローブジャングルのことを思い出した。でも、カントーを動く気になれなかったのだ。佐竹君がいなくなって、めんどくさくなっちゃったのかもしれない。残り少ないヴェトナムの日々を、この小さな街で過ごしたかった。居心地よかったんだ、とっても。

何か私にとって大切なものが、カントーにはあったのかもしれない。

それが何なのかはわからないのだけれど……。


いつもの店で、猫に餌《えさ》をやりながら夕飯を食べていたら、「ユー！」と、いきなり肩をわし摑《づか》みにされた。うげえっと、思わずチキンをのみ込みそうになった。

驚いて振り向くと、なんと懐かしいガイドのハンさんが立ってるじゃないか。

「あーっ、ハンさん、どうしたの？」

「それはこっちの言うせりふだよ、信じられない。あんた、まだカントーにいたのか？」

「えへへ、ここが居心地よくてね。ハンさんはまたツアーで来たの？」

「そうだ。私は明日ツアーを連れてホーチミン・シティに戻るところだ。しかし、あれから半月もたつんだぞ、いったい何してたんだ？」

「うーんと、マングローブジャングルとか探して……」

「マングローブ？　そんなものはこの辺にはないよ」

MEKONG DELTA MAP

- - -→ シンカフェ メコンデルタツアーコース

——→ 私が旅したメコンデルタコース

〰〰 ナゾのマングローブジャングル地帯らしきところ

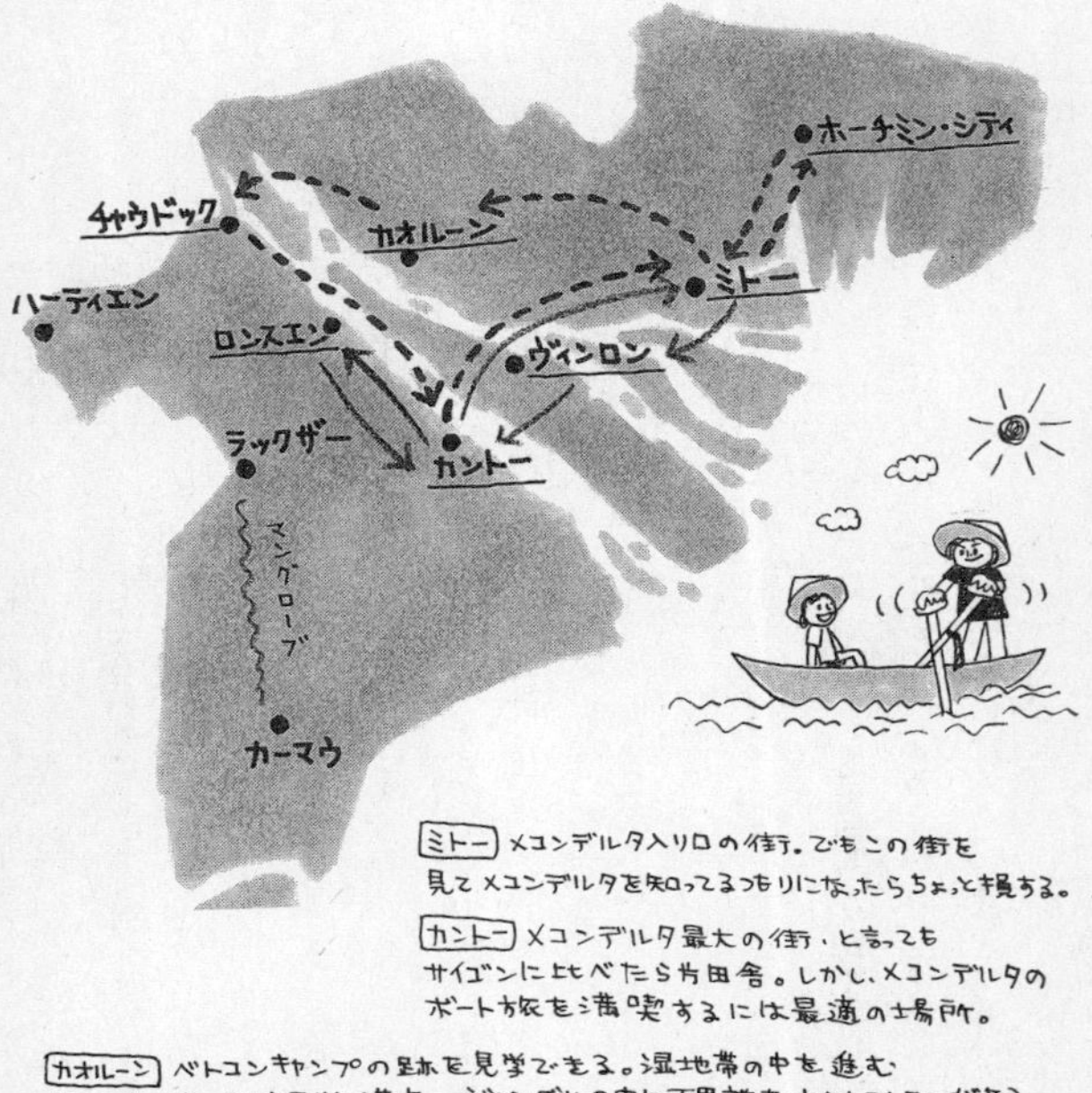

【ミトー】メコンデルタ入り口の街。でもこの街を見てメコンデルタを知ってるつもりになったらちょっと損する。

【カントー】メコンデルタ最大の街、と言ってもサイゴンに比べたら片田舎。しかし、メコンデルタのボート旅を満喫するには最適の場所。

【カオルーン】ベトコンキャンプの跡を見学できる。湿地帯の中を進むジャングルクルーズはスリル満点。ジャングルの中に不思議な水上レストランがある。

【ロンスエン】こぢんまりとした美しい街。市場の近くに有名なフォーの店がある。うまかった。

【ヴィンロン】落ち着いた街。ここのメコンクルーズもなかなか楽しい。特にカントーまで3時間の船旅は、天気が良ければ天国。悪いと地獄。

【チャウドック】国境近くの街。貿易が盛んで物に溢れかえっている。見てるだけでおもしろい。この街の料理はなかなかイケる（特に鍋料理）。

「ハンさん知ってるの？」

「あれは海の方にあるんだ。海から海水が入ってくるあたりにある。もっと北の方だ。だが今は開発が進んでいる」

「北？　ラックザーの方じゃないの？」

「あんな山の方にはない」

なーんだ、最初からハンさんに聞けばよかったのだ、と思ったけどもう後の祭りだ。ああ、クーロン・ツーリストのオヤジの言うことをきかなくてよかったよ。英語の先生！　止めてくれてありがとう。今ごろ蛇と蛭と蚊の餌食《えじき》になって死んでいたかもしれない。

「どうする、私といっしょにホーチミン・シティに戻るかい？」

ハンさんはすごく心配そうに私を見る。

「バス空いているの？」

「ちょうど、一人分空いている」

「うーん、じゃあ、この際だから、いっしょにホーチミンに帰ろうかな」

彼はほっとしたようだった。責任感の強いハンさんは、ガイドとしてツアー客をホーチミン・シティまで送り届けることが義務だと感じていたのだろう。ましてや、マングローブジャングルで行方不明になられたのではたまらん、と思ったかもしれない。

こういう偶然って、何かのお導きだよね、ってそう思えた。

そういうわけで、私は来た時と同じように大好きなハンさんのツアーに潜り込んで、快適なエアコン付きツアーバスでホーチミン・シティへと帰れることになったわけなのである。

私はカントーホテルに戻って「明日、チェックアウトするよ」とフロントに伝えた。

彼女はにっこり笑ってこう言った。

「そう、次はいつ来るの？　202号をリザーブしておくわ」

次？　次なんてあるのだろうか。

こんなに慣れ親しんだ街だけど、私はもしかしたらもう二度とここに来ることはないかもしれないのだ。

それはなんだか、とても不思議な気がした。

私の明日は決まってるわけじゃないんだ。私の明日は私が選べるんだな。

「いいわね、いろんな国に行けて。私も日本に行ってみたいわ。地下鉄に乗ってみたい」

そう呟いて、彼女は私に最後の夜のキーを渡してくれたのだった。

バック・トゥ・ザ・ホーチミン・シティ

あんなに大嫌いだったのに、ホーチミン・シティの雑踏に入ったら、懐かしさがこみあげてきた。

ああ、この街は、ヴェトナムの他の場所とはぜんぜん違うんだ。うん、東京とよく似てる。人と、モノと、食べ物に、埋め尽くされた街。

ミニバスの前も後ろも横も、バイクでいっぱいだ。よくもまあ、ひき殺さないですんでいるなあ、と思うくらい、行く手をバイクに邪魔される。

「みなさん、シンカフェのツアーを楽しんでいただけたでしょうか？　バスはあと5分でシンカフェ1前に到着します。どうか、この後もよいヴェトナム旅行を楽しんでください」

バスの中は私をのぞいて全員白人だった。

みんなが拍手する。ツアーの参加者からハンさんにプレゼントが渡された。やっぱりハンさんは、人気者なんだなあ。だって、本当に有能で、頼りになって、素晴らしいガイドだったもの。

私は、ハンさんに抱きついて、ほっぺにキスして、お別れをした。

実は今日も、フェリー乗り場でトイレに入っていたら、フェリーに乗り遅れてしまったのだ。あちゃーと思って茫然としてたら、乗り場のヴェトナム人が「運がよければバスが待ってるさ」と慰めてくれた。

1本遅れて川向こうに到着すると、岸壁でハンさんが心配そうに腕組みしている。ううう、やっぱりハンさんは頼りになるよお。

「あんたみたいに団体行動ができない日本人は初めてだよ」

と、ハンさんにあきれ顔で言われた。よかったよかった。私は「日本人は自己主張しない」というヴェトナム人の認識を、塗り替えながら旅行してるってわけだな。はっはっは。

私は、ちょっとハイになってた。田舎から上京してきた高校生みたいだった。

今日のホーチミン・シティは、もう知らない国じゃなくて、勝手知ったる他人の国に変貌してたんだ。いったいなぜなんだろう？　なにが私の中で変わってしまったんだろう。

あんなに嫌いだった「バイクの激流横断」も、ぜーんぜん平気だった。まるで、バイクなんか1台も走ってないよ、って感じで、悠然と横断できたし、バイクの方も物をよけるみたいに私を無視して行った。

なーんだそうか、うろうろしないで平然と渡っていれば、バイクは物として私をよけてくれるわけだ。

ベンタイン市場の前を通りかかると、夕闇の中、道路を埋め尽くす物売りの人々。暗くて顔は見えない。みんな商売してるってより、べたんと座って涼んでいるみたいだった。無数の黒いシルエット。

すごい、って思った。ずいぶん前に観た「インド夜想曲」という映画のワンシーンを思いだした。みんなが同じ意識を共有してるみたいに見えた。


「ただいまー」

って、日本語で叫んでドアを開けると、ミニホテルのフロントのソファーでシャレコウベ山田が新聞を読んでいた。

「お、おかえりなさい。元気そうですね」

「すっごい元気バリバリ。おもしろかった~」

Ⓐ このあたりに、4艘の観光船が係留してある。

Ⓑ ベンタイン市場の食料雑貨は安い。
うまいフォーの店もあるよ。

Ⓒ 外国人観光客をハントしたければファングーラオ通りへ!

Ⓓ 戦争証跡博物館に行くと
ヴェトナム戦争の爪痕にショックを受ける。

Ⓔ レックスホテル前の広場は最もホーチミンらしい場所。
ただしスリが多いのでご注意!

Ⓕ 広くて落ち着いた気持ちのいい郵便局。ひと休みに最適。

Ⓖ 私がずっと滞在していた「ベンタイン・ミニホテル」

実は昨日、カントーホテルから山田さんに電話を入れておいたのだ。

山田さんは、退職日が過ぎてるのにまだオフィス・ボランにいた。事務所が引っ越すので、それを手伝ってから自分も引っ越しをするのだと言っていた。

「なんでオフィスを引っ越すの？」

「こ、ここは維持費が高いんですよ。だ、だからもっと郊外に越すんだそうです」

「ふーん。とにかく明日ホーチミン・シティに帰るから、ホテル予約しておいてね」

「ま、ま、また、窓のない部屋しか空いてないそうですが、いいですか？」

ふう。私はよっぽど、この部屋に縁があるらしい。

▼

メコンデルタから帰って来てから、私は毎日ホーチミン・シティをうろつき回った。

もう、シクロ運転手も怖くなかった。あれだけやり合えば、彼らのことが少しはわかる。

……と、思っていたのが若気の至りの浅はかさかな。

まんまと一杯食わされた。

その日も私は、ホテル裏通りの路上カフェで朝の「カフェ」を飲んでいた。たまたま隣に座っていた、ヴェトナム人の大学生が英語を話したので、二人で英語でしゃべっていた。

「今日はどこへ行く予定なんですか？」

「うーん、とくに決めていないんだけど、どこがいいかなあ。夕方はサイゴン川のフェリーに乗ってみたいと思ってるんですよ。フェリーは予約が必要なのかしら？」

すると、隣の隣の席に座っていた髭のヴェトナム人男性が、こちらも見ないで淡々と、

「フェリーは予約はいらない」

と、呟いたのだ。

私たちは一斉に彼を見る。彼はそ知らぬ顔でカフェを飲んでいた。

「予約がいらないのなら、夜はサイゴン川に行くけど、それまではどうしようかな」

「行きたいところがあったら、僕が案内してもいいですよ」

大学生の青年はどうも日本語を勉強しているらしく、練習相手になってもらいたいみたい

だった。

「戦争証跡博物館は行ったかね？」

またしても隣の隣の男が声をかけてくる。妙に落ち着いた説得力のある声だ。

「いいえ。まだ」

「あそこは見ておいた方がいいのではないかな」

「はあ……」

ってなことがきっかけで、結局、ホーチミン・シティ観光の手ほどきを、この髭男から受けることになってしまった。彼は英語がうまくて、しかもユーモアのある頭のいい人物で、話をしていると楽しくてすっかり打ち解けてしまった。そして、いざ、観光に出かけようという時になると、彼はこう言ったのだ。

「いやー、君は本当に楽しくてすてきな日本人女性だ。いろんな日本人女性に出会ったけど、こんなに意気投合したのは初めてだよ。だから、もしよかったら僕のシクロで君を博物館まで送って行って、途中いろいろ案内するよ」

私は、どうせシクロを頼まないと観光できないのだから彼といっしょなら楽しいだろう、そう思って彼のシクロに乗せてもらった。もちろん、大学生の男の子もいっしょだ。

トン(45)

シクロ運転手。髭のやさ男。
一日女王様気分にしてくれた。
「ヴェトナム男の至れり尽くせり」に
まんまとだまされた。
でも、気分良かった。
もっといっぱい払って
あげればよかった
と思う….。

ドン(24)

日本語を勉強している
大学生。団地に住んでいる。
家に招待してくれたので
お礼にカラオケをおごった。
すごい音痴だった….。

さて、戦争証跡博物館に着く。お金を払おうとすると「さっきタダでいいって言ったから」と、彼は受け取らない。それでは困ると言っても「私はあなたが好きだからこれは好意だ」と言ってがんとして聞かない。

仕方なく「ご厚意」に甘えてお金を払わずに中に入る。

さて、見物を終えて出て来ると、なんとさっきの髭男が待っていた。

「どうせ暇だから送ろうと思って」

とのこと。さて、これからどこに行こう、ということになる。すると大学生が、

「うちに昼飯を食べにおいでよ、招待するよ」

と言いだす。じゃあ、ってことで、再びシクロに乗って彼の家（けっこう遠かった）まで行くことになる。

今度こそお金を払おうとすると、またしても「いらない」と拒絶された。困ったなあと思う。すると大学生が、

「じゃあ、申し訳ないからあなたもいっしょにうちで昼飯を食べて行ってください」

というわけで、なんでかわからないが彼の家に上がり込んで、寝てたおばあちゃんを叩き起こして昼飯を作ってもらい、昼間からビアホイ（ヴェトナムの生ビール）を飲んでの宴会

となる。

接点もないような変てこりんな3人で、大いに盛り上がってしまった。

そして話はさらにふくらんで、カラオケに行こう、ということになる。

まあ、カラオケに行くのなら私のおごりだな、と私は覚悟する。でも、現金の持ち合わせがなかった私は、ホテルに財布を取りに行って、それで着替えてからカラオケに行くことを提案する。

で、またしても髭男にホテルまで送ってもらう。

「送り迎えの料金はいくら？」

と聞くと、彼はこう言うのだった。

「いらない。あなたといっしょだと楽しいからそれだけでいい」

シャワーを浴びて、着替えて、お金を持って、再び待ち合わせ場所に行くためにホテルを出る。約束の時間に髭男はホテルの前にシクロを止めて待っていた。もう、こうなると自家用シクロである。

さて、このカラオケ屋は、ヴェトナム語、中国語、韓国語、日本語、英語のカラオケが揃っている高級カラオケ店で、ありがた迷惑なことに点数まで出る。で、料金はな、な、なんと1時間25ドルだった。さすがに、こんなに高いと思わなかったから、あまりのボリぶりにムカっ腹が立ったね。20ドルしか用意してこなかった私は、怒りながらホテルにお金を取りに戻らなければならなくなった。

さすがに大学生もすまなそうな顔をしてる。

外に出ると、またしても例の髭男が待っていた。

「大至急、ホテルに戻って。カラオケ代がこんなに高いとは思わなかったわ」

「そりゃあ、気の毒だったね」

ホテルでお金を取って、またカラオケ屋に戻る。なんだか慌ただしい1日である。

大学生とはカラオケ屋の前で別れる。「いくらなんでもボリすぎだぞ、青年!」と日本語で怒鳴るがわかんなかったみたい。

シクロの髭男は、私を乗せて自転車を漕ぐ。

「どうする、ホテルに帰るかい?」

夕飯を食べてなかった私は、今ごろになってお腹がぐーぐーすいてきた。

「バインセオ（ヴェトナム風お好み焼き）が食べたいなあ……。おいしい店知ってる？」

「知ってるよ。ここから1時間ほどだ」

「ちょっとちょっと、それは遠いわよ」

「はははは、冗談だよ」

　私はバインセオの店に、嫌がる髭男を無理矢理つきあわせて、夕食をすませた。どちらかと言えば、大学生の若者よりも、この髭男といっしょにいる方が楽しかったのだ。彼の方が落ち着いていて、話が合う。

「あのね、私、サイゴン川沿いを、夜、散歩してみたいと思っていたんだけど、あそこってすごく治安が悪いでしょう？　だから、よかったらつきあってくれないかなあ。あなたといっしょなら安心だもの」

　うーむ、今考えると全く我ながら無防備である。どこが安心なんだか……。

「そうか、いいよ。あのあたりは悪質なシクロも多いし、夜は危険だからね。私がついていれば大丈夫だ」

　ってなわけで、食事を終わらせて、機嫌よくサイゴン川のほとりを貸し切りシクロで優雅に散歩した私が、ホテルの前に着いたのは夜10時近くだった。

私は、いったい彼にどれくらいの謝礼を払ったものかと思案していた。だって朝10時から夜10時まで、シクロを借り切ったことになる。けっこうあっちこっち走らせた。いくらお金はいらないと言われても、払わないわけにはいかない。問題はその額だ。

ホテルが近くなってきた。

すると、なぜか髭男はホテルの真ん前ではなくて、ホテルの反対側の暗がりにシクロを止めたのだ。あれ、っと思った。

シクロを降りた私は、彼に向かってこう言った。

「今日は一日、本当にありがとう。助かったし、とても楽しかった」

すると髭男は、さっきまでとはうって変わった、卑屈な懇願する顔でこう言うのだ。

「私は今日一日、あなたのために働いた。まる一日すべてだ」

あ〜、やっぱりそう来たか、と思った。

「わかってるわ、とても感謝してるもの。だから、いくらお支払いすればいいかしら?」

あ〜、こりゃああたしが甘かったな。相当ボラれるなあ……。

「私は一家の稼ぎ手だ。子供が二人いるし、今日は朝からだ」

彼は何度も繰り返す。

「よーくわかってるわ。だから、いくらお礼すればいいの？　言って？」

彼は、ちょっと考えてから、言った。

「15ドル」

え？　と思った。そんなんでいいの？

「オーケー、15ドルね。1ドルはチップ。本当にどうもありがとう！」

私は、髭男の手に16ドル握らせると、彼の顔も見ずにすたすたとホテルに帰った。

なんか、すごく情けない気分だった。だって、私は本当に楽しかったんだよ。15ドルだったら、最初からその金額を言ってくれたって、払い惜しみなんかしなかったのに。だってカラオケ1時間に25ドルを払うことを考えたら、彼への15ドルなんてなんでもないのに。どうして、こんな風に気分悪くならなきゃならないのかなあ。どうしてああいう言い方しかできないのかなあ。騙したり、騙されたりそんな必要なんてこれっぽっちもないことなのに……。

ほんとに、楽しかったのに。

部屋に戻ったら、隣はまだ電気がついていた。

このまんまじゃ寝つかれやしない。ノックして入ると、シャレコウベ山田がせっせと引っ越しの荷造りをしていた。

「ねえねえ、山田さん、シクロを朝10時から夜10時まで借り切って15ドルってどう思う?」

山田さんは言った。

「そ、そそりゃあ、安いんじゃないでしょうか。と、とてもお得な値段だと思いますよ。ま、そんなシクロいないでしょうけど」

私には、よく理解できなかった。髭男は結局人がよくて、最後にふっかけることができなかったのか? それとも、本当に私から15ドル騙し取ったつもりなのか……。

確かめてみたかったけど、その後、一度も彼を見かけることはなかったんだ。

新しい私を見つけてくれてありがとう

ホーチミン・シティの中央郵便局は、私の大好きな場所だった。

広くて、ひんやりしていて、ベンチがあって、それから手紙を書くためのデスクがある。旅行者や街の人々は、みんな郵便局にやって来て手紙を書いている。

街を散策する途中で一休みしたり、涼んだりするにもとても気持ちのよい場所なのだ。


この郵便局でぼーっとしていると、日本人のバックパッカーたちとよく出会う。

その日も二人の青年と知り合った。片野君と、山岸君。二人とも大学2年生だった。

明日、カンボジアに旅立つという二人を、サイゴン川のクルージングに誘ってみた。だって、一人で遊覧船に乗るというのも、なんとなく淋しいじゃないか。

「うーん、行きたいんですけど、僕ら貧乏旅行だから金がないんですよ」

「でもね、サイゴン川のフェリーって、なんと6000ドン（約60円）なのよ！　しかもバイキング付きなんですって」

「え？　それって本当ですか？　安すぎません？」

「だって、あたしはそう聞いたもん」

というわけで、話はトントントンと決まって、その夜の7時30分に、サイゴン川フェリー乗り場で待ち合わせすることとあいなった。


フェリー乗り場には、４艘の船がきらびやかに並んでいた。どの船も電飾の光でディズニーランドエレクトリックパレードのように輝き、船の中からは陽気なバンドの音楽。そして、着飾った人々、おいしそうな御馳走の山。

私たち3人は、Tシャツと短パン姿で唖然《あぜん》とその華麗なる遊覧船の光景を見つめていた。

「ねえねえ、田口さん、これって本当に６０００ドンなんですか？」

「そうよ、間違いないはずよ」

私は、フローティングホテルのすぐ横に係留してある遊覧船の乗り口に行き、客引きのボーイに尋ねた。

「ねえねえ、このフェリー代っていくら？」

「ようこそ、お嬢様。６５００ドンでございますよ。うちのフェリーの料理はピカ一ですからね」

「代金に食事代は入ってるの？」

「いえいえ、お食事は中で別会計になります」

私は貧乏人二人に言った。

「食事は別だってさ、どうする？」

「とりあえず、入ってみましょうか？」

おずおずと乗り込む３人。通されたテーブルにはナイフとフォークがずらりと並んでいる。

慌ててテーブルの上のメニューを見る。

「うわー、田口さん、一番安い料理が４万ドンですよ！！！」

「こりゃ、あかん、逃げよう」

隣のテーブルでは、韓国人の団体が盛んに「イッキ」をやっている。

私たちはその騒ぎに隠れてコソコソと逃げ出した。

次の船の前に来る。

やっぱりボーイが客引きをしている。私はボーイをつかまえて交渉する。

「あのさ、私たち、貧乏なのよ。だからね、安い料理しか食べられないの。安い料理ある?」

「ありますとも、ありますとも。ご安心ください」

「コースとかダメよ。単品でしかも安い料理だけ注文してもいい?」

「そういうお客様もたまにはいらっしゃいます」

というわけで、通されたのは、ガラーンとした船底に近い二等船室。

そこには他のお客は一人もなく、もちろんバンドもなく、上の楽しげな喧騒だけが聞こえてくる。窓際にテーブルが3つだけ置いてあった。

「なに、これ?」

「お金ない、って言ったから見くびられましたね」

「冗談じゃないわよ、責任者出しなさいよ!」

私はメニューを持ってきたヴェトナム人のメイドに「英語わかる奴連れてこい!」と怒鳴り、てめえ、日本人をなめてんじゃねえぞ! と啖呵《たんか》を切って、怒って船を後にした。折しも、外に出ると雨が降りだしていた。上流の方では稲妻が光っている。スコールが来るのだ。

「田口さん、やっぱり諦めて、シンカフェでなんか食べましょうよ」

貧乏青年はすでに逃げ腰だ。

「えー、でもこんだけ粘ったんだから、もう一軒だけでもトライしてみようよ」

3艘目の船の乗り場に行く。

おっ、この船はちょっと地味目だ。今までの船の中で一番小さく、飾りも少なく、生バンドも入っていない。これならいけるかも……。

私は、まず入り口のボーイ（すごく感じのよい白髪のヴェトナム人）に、

「こんばんは。実は私たちはとても貧乏でお金がないので、ここの支払いが不安なの。悪いんだけど、メニューを見せてもらえないかしらん」

と、無理矢理船の中からメニューを持って来させて、値段を確認したのだ。

「ビールが4000ドンですねえ。俺、ビールだけならなんとか払えそう」

「やったね、じゃああたしがナッツはおごってあげる」

船に乗り込むと、その途端にものすごいスコールがやってきた。

8時、遊覧船は犬と猫が降ってきそうなどしゃぶりの中を、ゆっくりと出航。とにかく、

サイゴン川クルージングの目的を我々は果たしたのだ、万歳！

オーダーを取りに来たボーイには、

「私たち、夕食をすませてきたからビールだけでけっこうよ」

とにっこり笑ってメニューを返した。

「すごいですよ、田口さん、その根性に僕、惚《ほ》れました」

「がっはっは、なにしろメコンデルタで鍛えられたからね」

この頃には、ブロークンの英語がすごく上達していて、インチキ英語をまくしたてる！という技が使えるようになって私は無敵のオバサンと化していた。

話を聞いてみると、二人は友だちでもなんでもなくて、ヴェトナムで偶然知り合って、意気投合してカンボジアにいっしょに行くことになったのだそうだ。

ビールで乾杯していると、どしゃぶりの中を2艘の手漕ぎボートが遊覧船に近づいてくる。

「あれえ、なんだろう、あのボート」

「こっちにどんどん近づいてくるね」

ボートには4人の子供たちが乗っていて、しきりと何かを叫んでいる。

すると、他の乗客たちが、子供たちに向かってビールの空き缶を投げ始めた。なーるほど。子供たちはビールの空き缶を集めるために、遊覧船を回っているのだ。

「すげー、みんなびしょびしょだぜ」

「おもしろいから投げてみようよ」

小舟をしっかりと遊覧船の船側に寄せて、子供たちはぎゃあぎゃあ騒ぎながら乗客が投げ落とす空き缶を先を争って拾っていた。

そのうちに、波のはずみで一人の少年が、遊覧船とボートの間に足を挟んでしまった。スコールの中、少年は痛さでのたうち回っている。

「すげえなあ、パワーあるよなあ」

貧乏青年二人は、しきりに感心しながら少年たちの仕事ぶりを眺めていた。

「あいつら、まだ12歳くらいだろ？　それで夜のサイゴン川をさ、スコールにもめげずに船を漕いでやって来るんだぜ。日本だったら出歩いているだけだって怒られるよなあ。そんな危ないことしちゃいけませんって、母親に睨まれてさ」

「なんかよお、あいつらが大人になって、経済力をつけたら、俺たちもうかなわないって感じだよね」

私たちは深くうなずき合った。

雨のサイゴン川から見えるのは、こうこうと輝く川岸の電飾広告。

そこにはずらりと日本企業の名前が並んでいた。

▼

ミニホテルの私の上の部屋に、日本人の女の子が引っ越してきた。

名前を飯野洋子さんという。

最初は中国人かなあ、って思った。顔がチャイニーズっぽかったし、着ている服が日本人のセンスとちょっと違うような気がしたのだ。

「あたしって、韓国人とか、中国人とかいろいろ言われるんですよお。あ、この服はね、ヴェトナムで仕立てたの。私のボスが、営業に行く時はスーツを着ていけって言うから……」

彼女の仕事は、ヴェトナムにあるチアーズというディスコの営業なのだそうだ。

チアーズと言えば、ガイドブックにも紹介されている老舗《しにせ》のディスコ。でも、そこの営業って、いったい何をするんだろう？

「あたしね、日本のホテル学校を卒業して、プリンスホテルに就職したんです。プリンスがヴェトナムにホテルを出して、そのスタッフを募集してたからヴェトナムで働きたくて。それで、研修でヴェトナムにやって来たんだけど、上司とどうしても合わなくて辞めちゃったんですよ。で、職もなくてブラブラしてたところを、今のボスに拾われたんです」

年は、なんと20歳だそうだ。見た目28歳くらいに見える。

「チアーズはね、最近、ニューワールドホテルの裏にゴシップっていう新しいディスコができて、そこに完全に押され気味なの。仕方ないんですよ。だって、ゴシップは天井がわーっと高くて、インテリアとかすっごくお洒落で素敵なのね。かかる音楽も洋物中心、そこいくとチアーズは、今『ダンシング・オールナイト』なんて流行ってるんですよ、ほら大昔に日本で流行った曲。あれがかかると、ヴェトナム人のカップルなんか喜んじゃって、我先にってカンジでフロアに飛び出してくの。でね、二人で向き合って変なステップで踊るんですよ。日本人なんてあきれちゃって、あんまり来ない」

「ダンシング・オールナイト」がヴェトナムで流行ってるというのは、なんとなくうなずけるものがある。あんな感じなんだ。ヴェトナムポップスって。

「で、私はいまカラオケの営業をやれって言われているんです」

「ディスコにカラオケがあるの？」

「そう、つくったの。で、日本企業の駐在員に電話をかけてカラオケに誘えってリスト渡されてるの」

「ふうん、じゃあ、毎日電話してアポとったりしてるわけ？」

「あんまりしてない。だって、ヴェトナムに来ている日本人って、みんなイライラしてるんですよ。だから電話なんかかけられるの嫌みたいだし……」

「なんでイライラしてるの？」

「ヴェトナム人がしつこいからなんとなくイライラするんじゃないかなあ。イライラしませんか？」

「うーん。確かに言われてみればしてるかもしれない」

「気が乗らないんであんまり仕事しなかったら、シンガポール人の上司をつけられて、今日はこれからミーティングのはずなんだけど、彼、来ないんです」

「シンガポール人ってどんな感じ？」

「すんごいアバウト。で、彼は日本人は神経質で使いにくい、もっと気楽に考えろっていつも言うの。私はけっこう気楽な方だと思うんだけど」

「あなたは日本人にしてはすごく気楽な方だと思うよ、うんうん」

「彼の指導で、無理矢理電話をかけさせられる。それが午後2時くらいから4時くらいまで。で、7時からはディスコに行くの。1時くらいまで店にいて、お客さんの送迎バスでここまで送ってもらう。今の部屋は会社で借りてもらってるんだけど、こんなことやってて、あたしってこれからどうなっちゃうのかなあ」

彼女は深い溜め息をついた。

「なんか、話聞いていたらだんだん心配になってきたよ。御飯とかちゃんと食べてるの？」

「食事はパンばっかり。以前はオートミールに牛乳を混ぜて食べてたんだけど、これじゃあアゴがダメになるかなあと思ってやめたの。そろそろ、日本に帰りたくなってきたけど、このまま帰っても情けないし、かといってヴェトナムにいても、毎日同じことの繰り返しでつまんないし、なんかおもしろいことないのかなあ、って思います」

「親は、ホテル辞めたこと知ってるの？」

「知らない。言ったら戻って来いって言うに決まってるもの。ねえ、田口さんは、いつ日本に帰ってしまうの？」

「あたしは、もうあと3日だあ。あっという間だったなあ」

「いいなあ、そういう人を見るとむしょうに帰りたくなっちゃう」

「みんな、なんでそんな辛《つら》い思いして、ヴェトナムにいるのかなあ……」

私にはどうも、ヴェトナムにいる日本人たちってよく理解できない。変な奴らだなあと思う。だってみんな嫌いなくせにヴェトナムにいるんだもの。

夕方、シャレコウベ山田と散歩に出かける。

引っ越しがなかなか進まなくて山田さんは元気がない。ヴェトナム人は約束通りに動いてくれないから予定がずれると怒っていた。

私と山田さんは、ぶらぶらと夕暮れの街をドンコイ通りに向かって歩いていた。

レックス・ホテルの前は、もう夕涼みのヴェトナム人でお祭りのような騒ぎだった。みんな、バイクに乗ってホテル前の広場をぐるぐる走り回っているのだ。どこへ行くっていうのでもなく、ただドライブしている。

「なんでみんなバイクで走ってるのかなあ？」

「ほ、他にすることがないからですよ。家にいても暑いだけだし、さ、さりとて何かするにもお金もないし、だからこうして、な、な、なんとなくたむろして暇つぶししているんです」

「そうか～。日本だったら、野球観戦とか、レストランとか、映画とか、いろいろやることはあるけど、お金がかかるものね」

「みんな、か、家族でバイクに乗って、なんとなくぶらぶらしている。わ、私はヴェトナムがいいなあと思うのは、家族が仲いいことです。に、に、日本じゃあ家族そろって夕涼みなんて、し、しなくなってしまいましたから」

「それぞれ、自分のことで忙しいからね」

「ヴェトナム人は家族を、だ、大事にします。家族が団結しないと貧しいから生きていけない。でも、日本のように豊かになったら、この国も変わるのかもしれません」

「山田さんは、結婚しないの？」

「あ、あ、相手がいませんから」

「一人でさみしくない？」

「そりゃあ、さ、さ、さみしいです。でも、気楽でいいです」

ヴェトナムの日本人は、みんなちょっと孤独に見える。

私は人恋しくなると、用もないのにシンカフェに出かけた。ここに来ると、いろんな旅行者がいておもしろい話が聞けるのだ。旅のつれづれの話はなかなか楽しい。寝るまでの暇つぶしの相手を見つけるのに最適の場所だった。

▼

その夜は、不思議な青年と出会った。

平田秀樹と名乗るその青年は、茶髪のロンゲを女の子みたいに頭の後ろでゆわえていた。迷彩色の帽子をかぶっていて、その格好はどっから見ても「由緒正しい海外放浪者」の貫禄に満ちあふれていた。ちょっと見、SMAPの稲垣吾郎に似ている。すらっと痩せており、話し方も明るくて「今どきの男の子」って感じだった。年は26歳だそうだ。

なんでも平田君は、中国を1年間放浪した後、インドに渡り、そしてヴェトナムに来たのだそうだ。明日はカンボジアに抜けて、まあアジアをひと回りしたら、次はエジプトに行っ

ディスコ「チアーズ」で働いている。
絶対日本人じゃない！って確信しちゃう
くらいアジアに同化してた。
「強い子のミロ」が好物（ヴェトナムでは流行ってる）
飯野洋子
（20）
バックパッカー片野君と山岸君
（たぶん20才）1日1万ドン（100円）
で旅しているという、超貧乏青年たち。
でも、ビールをおごろうとしたら「大丈夫です」
って自分で払ってた。私のことも貧乏だと
思ったのかな？
FIGHT!
一目ぼれ
してしまった
バックパッカーの男の子。
めちゃハンサムだった。
いったい今ごろは
どこの国を旅して
いることやら….。
いつか世界の
どこかで また
めぐり会えると
いいなあ。
平田秀樹
（26）

てみたいなあ、などと言っていた。

「ねえねえ、ヴェトナムで一番おもしろかったのは何？」

「うーん。そうだなあ、アディダスのパンプス」

「何それ？」

「キャリアウーマン風の美人が、adidas っていうロゴの入ったパンプスをはいてた。それ見た時に、ああ、ヴェトナムだなあって思ったんですよ」

「ぎゃはははは」

「あと、おかまの娼婦に声かけられたこと」

「そんなのいるの？」

「けっこう多いですよ。女性には声かけないからわかんないだろうけど、サブイボ出ましたよ」

平田君は、自分が体験したことをおもしろく人に伝えるセンスのある子だった。こういう子は文章も書かせてみたらおもしろいんだろうなあ、って思った。

「田口さんは、ヴェトナムで何かおもしろいことありました？」

「えっとね、おもしろいっていうか、不思議なことがあった。メコンデルタに行った時に2

回、いっしょに旅する人のことを夢で見たの。つまり、翌日出会う人を夢で見るわけ。あたし正夢なんて一度も見たことないから、不思議だったなあ」

「霊感が強いんだ」

「そんなことないんだよ、本当に、そういう力ってぜんぜんない人なの。今回だけ特別なんだ。旅をしてて、そういう不思議な体験ってない？」

「うーん、僕は現実主義者だからなあ。でも一度、大木一郎からそういう話を聞いたことがあるなあ」

「誰？　大木一郎って？」

「有名な伝説のバックパッカーですよ。バックパッカーなら一度は彼の名前を聞いたことがあるっていうくらいの人物」

私は、バックパッカーっていう人種にこれまで全く縁がなかったので、その名前は初めて聞いた。世界にはいろんな業界があるんだなあって思った。

「大木一郎はね、とにかく歩いて旅をすることに命をかけている奴なんです。シーアンからシリアまで、歩いて行ったっていうすごい男でね」

「歩けるんですか？」

「無理です」

「えー？　じゃあどうするの？」

「とにかく歩いて行って、途中で水や食べ物が切れたり、ビザが切れそうになったりしたら戻るんです。で、用事を済ませたら、もう一度車で同じ地点まで帰って来て、またそこから歩きだすわけです」

「す、すごいですねえ」

「僕はシーアンで彼に出会って、ほんの少しいっしょに旅しました。小柄の大人しい男です。その大木一郎が、時々正夢を見るって言ってましたよ。今はどのあたりを歩いているかなあ……。また、バックパッカーに出会ったら聞いてみるといいですよ。消息がわかるかもしれない」

「どんな正夢を見るんだろう？」

「詳しくは聞かなかったな、あと、変な本を大事に持ち歩いていた。よく、読んでましたよ、啓示がもらえるって言って」

まさか、と思って私は思わず身を乗り出しちゃった。

「ねえねえねえねえ、その本ってなんて本だった？　小鳥の歌って本じゃなかった？」

「うーん、覚えてないなあ……。なんだか東洋哲学かなんかの本みたいな……」

「そっか……」

「僕のお守りはこれですけどね」

そう言って、彼はウエストポーチからぼろぼろの文庫本を取り出した。

「沢木耕太郎かあ……、深夜特急」

「実はこれを読んで、旅に出る決意をしたんです。それまでは勤め人してたんですよ、これでも。その日もちゃんと背広着て会社に向かって歩いてた。すごくうっとうしい梅雨の雨で、みんな傘をさしてる。僕も傘をさしてる。駅にはあふれかえるほど人がいて、みんなどんよりと死んだ魚みたいな目をしていた。無表情で、そのくせイライラしていて、なんだか気味が悪かった。見てたら吐き気がしてきて、こんなとこに居てはいけないって思った。そしたら、どっからか行こうよ、っていう声が聞こえた。それで、旅に出たんです。この本持って」

旅をする人には、それぞれ「旅のお守り」みたいな本があるのかもしれない。一人に一冊、その人を導いてくれる、その人のためだけの本が……。そう思った。

タクシーで帰る、って言ったのに、彼はホテルまで送ってくれた。

「女の人を一人で帰すわけにいかないですよ」

なんだか、ヴェトナムに来て初めて女性として扱ってもらったような気がして、すごくうれしかった。

「ところで、田口さんは、なんでヴェトナムに来たんですか?」

「えーと、私、フリーライターなんですよ。それで、ヴェトナムのことを書きたいなと思って」

「へえ? そうなんだ。いいなあ、そういう職業に憧れます。実は僕も、いつか自分の旅を文章にしたいと思っているんです。書く職業はいいなあ。どこでも場所を選ばずに仕事ができる」

「君なら、きっといい文章を書くと思うよ。言葉のセンスがいいから」

「それって、最近で一番うれしい褒《ほ》め言葉だ。ヴェトナムに来てよかった」

ほんとに、彼なら私よりずっといい文章を書くのではないかって思った。

「あ~、男の子はいいなあ。なんとなく自由で、好きなことができて」

「田口さんだって、こうやって好きなことしてるじゃないですか」

「そうだけど、やっぱり女の一人旅って制約があるよ。ヒッチハイクとか怖いし」

「僕はインドで、僕なんかよりずっとたくましい女性バックパッカーに会いましたよ。結局、男とか女とかじゃなくて、それをやりたいか、やりたくないか……、それだけの問題なんじゃないかなあ。やりたいって思ったら、人ってなんでもできると思う」

私は歩道の敷石の上をスキップしながら歩いてた。

「ほんとに、なんでもできると思う？」

「思う。できるっていう確信があれば」

そうだよなあ、って思った。やりたいって気持ちと、できるっていう確信があれば、そいつはもう無敵なんだよ。平田君、あーたはいいことを言う。そういう考え方が私は好きだ。それなのに、私は大きな声で言えなかった。だから、自分のものにできなかったんだ。

「やる気と確信！」

私は怒鳴った。

「そうそう、やる気と確信！」

「なんか選挙演説みたいだねえ」

そう言って、ゲラゲラ笑った。もう、ホテルの前まで歩いて来ていた。

それじゃあね、いい旅を、と言って私たちは手を振って別れた。

もしかしたら、次はスフィンクスの前で会うかもしれないし、ゴビ砂漠の真ん中で会うかもしれないし、もう生涯、出会うことはないかもしれない。

すれ違うだけでも、わかり合える同志みたいな人たちって、いるんだ。

不思議なものだ。たった5時間しか会っていないのに、私は彼のことを一生忘れないくらい好きになってた。

出会う男の子のことは、なんだかみんな好きになる。

旅の途中だからロマンチックになってるのだろうか。宗方君も、佐竹君も、滝沢さんも、メコンクルーズの二人組も、そして平田君も。

出会えてよかったなあ、と思う。

みんな、私が知らなかった私を見つけてくれた。こんな自分もいるんだってことを教えてくれたような気がする。

新しい自分、未知の自分、でもそれもみんなまぎれもない私なんだ。

好きじゃない。でも、忘れない、ヴェトナム

一日中、お土産を買うために街の中を歩き回った。

買いでがあるよ～、ヴェトナムのお土産は。なんたって物価が安いからね。

歩き疲れて、ドンコイ通りのバクダンでアイスクリームを食べた。この店はヴェトナムのガイドブックには絶対紹介されてる有名なアイスクリーム屋だ。お客は観光客ばっかりだけど、時々すんごく金持ちそうなヴェトナムの少女たちが入ってくる。

彼女たちのファッションは、フランスのリセエンヌって感じである。アカ抜けていて、スタイルがよくて、かわいい。

オウやハイみたいに、毎日ボートを漕いで生計を立てている女の子もいれば、ファッション雑誌スタイルで携帯電話を持ち歩く少女たちもいる。ヴェトナムの貧富の差はどんどん広がっているみたいだった。

いよいよ、今夜10時の飛行機で、日本に帰る。

長かったような、早かったような、奇妙な1カ月だった。

いろんなことがあったし、いろんな人と出会ったけど、結局私はヴェトナムが好きなのか嫌いなのか自分でもよくわかんなかった。一度にいろんなことを吸収しようとしたから、消化不良になっちゃったのかもしれない。


オフィス・ボランの事務所はとうとう引っ越してしまった。

窓のない部屋の対面は空き部屋になって、ガランとさみしい。

パンチ鈴木は新しい事務所に行ってしまったようだ。私がちっともガイドを頼まなかったので怒っているのかもしれない。

けっきょく私は、文句を言いながら「ベンタイン・ミニホテル」の窓のない部屋に、ずうっと滞在してたことになる。メコンから帰って来てからは、部屋の呪縛《じゅばく》から解放されていたから、あまり気にならなくなってたのだ。

部屋の呪縛、それは私の心の呪縛でもあったのかもしれない。

窓がないのは、私の心もいっしょだったのだ。

シャレコウベ山田は、今、日本料理店にいる。洗い場でヴェトナム人といっしょに仕事をしている。重労働だ。朝10時から、夜10時まで働いて、給料は5万ドンだそうだ。

「で、でも、住むところを提供してくれますから」

「だってそこって、共同下宿みたいなところなんでしょ？　やっていけるの？」

「な、なんとかなります」

これから先、仕事をしながらチャンスをつかむと言っている。

どんなチャンスを山田さんはつかもうとしているんだろう……。わからない。でも、人っていうのはいつもはっきりと物事がわかって行動してるわけじゃないんだなあ、ってヴェトナムに来てから思うのだ。

漠然と、なんとなく生きている。なんとなくこっちの方向だな、って感じで歩いてる。もちろん世の中には自分の進むべき道を、しっかりとみきわめてまっしぐらにそれに向かっていく人もいるけど、とても多くの人は、朦朧としながら手探りで生きている。

もちろん、私もそうだ。

ただ、日本にいる時は、朦朧としてるけど目印もいっぱいある。友だちだったり、テレビ、新聞、本、雑誌……。いろんなものが「こっちへ行ったら？」と呼びかけてくる。

ヴェトナムに来ると目印はなんにもない。だからみんな、ほんのちょっとしたきっかけを頼りにして、そこから何かをつかみ出そうとする。

本の一節だったり、夢だったり、つかの間の人との出会いだったり……。

日本を離れると、自分を守るものがなくなって、とっても無防備になって、そして、みんなしかたなく、今、自分に起こっていることを、大切にしはじめる。

だからみんな、辛い思いをしながらも、日本から離れてヴェトナムで暮らしているのかもしれない。


ゆうべ、眠る前に『小鳥の歌』を手に取って、えいやってページを開いてみた。

ヴェトナム最後の夜に与えられたのは、こんなメッセージだった。

変わってはいけない

わたしは何年間もノイローゼでした。わたしは心配し、落胆し、自分のことしか考えませんでした。

皆がわたしに変わるようにと言いつづけました。（中略）

そしてわたしは、皆を恨みました。彼らをもっともだと思いました。そして変わりたいと願いました。でも変わることができませんでした、どんなに変わろうと努力しても。

＊　＊　＊　＊

わたしを何よりも傷つけたのは、親友もわたしをノイローゼだと言いつづけたことでした。彼もまた、わたしに変われと言い張るのでした。

そしてわたしも、親友の言うことをもっともだと思いました。でもわたしは、彼を恨めしく思う気持ちを抑えられませんでした。わたしは気力を失い、何をすることもできなくなりました。

＊　＊　＊　＊

それからある日、彼はわたしに言いました。「変わってはいけない。君のままでいなさい。君が変わろうと変わるまいと、どうでもいいことだ。わたしはありのままの君が好きだ。君が好きなんだよ。」

これらの言葉は、わたしの耳に音楽のように響きました。「変わってはいけない、変わってはいけない、変わってはいけない……わたしは君が好きだ。」

そしてわたしは安心しました。そしてわたしは生き返りました。そして、ああ、なんという不思議！　わたしは変わったのでした！

今、わたしは知っています。わたしが変わろうと変わるまいと、わたしを愛してくれるだれかを見つけるまで、わたしはほんとうに変わることはできなかったのだということを。

神様、あなたはこんなやり方でわたしを愛してくださっているのですね？

2回読み直して、本に「今日までありがとう」って言った。

私は、確かに一人で心細かったけれど、ずうっと誰かから見守られているような、そんな気がしていた。それが神だとは思わないけれど、何かのめぐりあわせで、人がひょんなことから新しい世界に踏み出す時には、目に見えない大きな力が、空から見守っていてくれるのかもしれない……、そんなことを考えた。

私は、この本を山田さんにあげた。

私の旅は終わったから、もうこの本ともお別れした方がいいような気がしたのだった。

「これ、私の旅のお守りだったんだ。落ち込んだら読んでみて」

そう言って私が渡すと、山田さんはちょっと照れて言った。

「私は、落ち込むってことはありませんが、ありがたく頂きます。日本語に飢えますからね、ヴェトナムでは……」

これから先、あの本はめぐりめぐってどこを旅するのやら。

ああ、万物は流転するのだなあ、と遥かなる気持ちになってしまった。

そうそう、ミニバスに置き忘れた『地球の歩き方』は、ちゃんとホテルに届いていた。宗方君がわざわざ届けておいてくれたらしい。

やっぱり、万物は流転する。素晴らしい。

買い物帰りに、郵便局に寄って日本の野村由美子に国際電話をかけてみた。

郵便局のヴェトナム女性はやっぱりタカビーで失礼だった。ほとんどそっぽを向いて応対する。いったい「優しくて、笑顔のかわいいヴェトナム女性」というイメージはどこで誰がつくっているのだろうか？　私はついぞ、そんなヴェトナム女性には会ったことがないぞ。

国際電話のブースに入ってしばし待っていると、電話が鳴った。

「もしもーし、あ、由美子？　田口だよーん」

「やあやあ、元気だったかい？」

「元気元気。あたしはね、今夜帰る」

「こっちは暑いわよ。今、大腸菌騒ぎで大変よ。あたしはアトランタ病で寝不足気味。ヴェトナムは楽しかったかい？」

「ずっとメコンデルタにいた。でもね、とうとうメコンの夕陽は見られなかった。雨期でさあ、午後になると雨が降るんだよ」

「そうかそうか、そりゃあ残念だったね」

「ところでさ、この間聞き忘れたんだけど、由美子は、なんでメコン川の夕陽が見たかったの？」

野村由美子は一瞬、言葉につまったみたいだった。

「まーねー、大した理由じゃないですよ。その頃つきあってた男に『メコンの夕陽を二人で見たい』って口説かれたってくらいで」

そう言って野村由美子ははっはっは、と笑った。

「じゃあ、なんで今頃になって、ヴェトナムに行く決心をしたの？」

「すんごい偶然。パソコン通信で知り合った友人から、ヴェトナムの大学で日本語講師を探してるって聞いたのがきっかけ」

「それだけ？」

「そう。旅立つきっかけが欲しかったのよ。あんただってそうでしょう？　きっかけは伝染していくのよ」

「なるほど……」

「あんたも、きっとそのうち誰かにうつすわよ」

「あはははは、おもしろい。日本に帰ったらいっぱい菌をばらまいてやろう。そこら中の人がみーんな旅に出たくなるように、ヴェトナム菌をばらまいてやる」

「がはははは、エグそうだね、ヴェトナム菌って」

「ねえ、戻ったらいっしょに日本の濃ゆい生ビールを飲みたいよ。ヴェトナムのビールはうすくってさ」

「よしよし、樽(たる)ごと買い取っておいてやるよ、早く戻っておいで」

「うんうん」


5分たったらしく、電話はいきなり切れた。

郵便局を出てサイゴン教会の前に立ったら、ちょっとだけ後ろ髪を引かれた。すごく気が強くて自分勝手だけど、なぜか憎めない悪友っているじゃないですか。そんな奴と喧嘩しちゃって、仲直りしないで離ればなれになるような、そんな気分になった。

ヴェトナムの街は今日も、臭くて、うるさくて、汚い。

でも、来た時よりは、うーんと優しく見えた。

愉快な1カ月を、どうもありがとう。
さよなら、ヴェトナム。
さようなら、メコン。

Map of VIETNAM
中国
ハノイ
ラオス
海南島
ベトナム
メコン川
フエ
タイ
カンボジア
ロンスエン
ホーチミン
ミトー
カントー
ヴェトナムって
とても南北に長い。
ちょっと日本に似ている.
私はヴェトナムの
ずーっと南の方を
旅していた。

あとがき

私は、旅行に行くのが好きだ。だって旅先には私を知らない人しかいないから、みんな先入観なしで私を見てくれる。いや……ちょっと違うな、新しい先入観で見てくれるって言うべきかな。「日本人」という先入観で見られるあたしって、けっこううっとうしかった。でも、それは新しい体験で、楽しくもある。

私は、ヴェトナムでは「25歳」で通ってしまった。大嘘である。でも、よその国の人って日本人の年齢ってわからないみたいで、チビの私は「18」と言おうが「23」と言おうが、言った年齢で通ってしまうので、これがまた楽しい。行く先々で、嘘つきまくって旅をしてきた。だから、パスポート出す時はちょっとどきどきしたりした(笑)。

日本に帰って来て、昔からの友だちがいて、家族がいて、仕事のつきあいがあって……。そんな中で暮らしていると「だって、あなたってそういう人だったでしょ」と、昔のことをいちいち持ち出されてうんざりする時がある。

どうして、みんなもっと、いま目の前にいる私をヴィヴィッドに見ようとしないんだろうって、文句言ったりする。そりゃあ、どう考えたって「過去のことは全部オールクリアにしてね」っていうのは勝手な言い分だ。わかってる。わかってるけど、ひどくうんざりしてしまうことがあるんだ。

私って存在は、そんなに確固たるもんでもなんでもなくて、もっと流動的な、いいかげんなもんなんだけどなあ、と思う。そうであった方が楽しいなあと思う。

自分の中にいるいろんな自分と出会うことが、人生で一番楽しい、って私には思える。でもそのためには、他人の力が必要なんだ。自分一人で、違う自分とはなかなか出会えない。

それで仕方なく、またどっかに出かけていく。私を知らない人を探しに。

そういう私のいいかげんな旅を本にまとめてくださった、ダイヤモンド社の土江さん、お世話になりました。それからヴェトナムで出会ったたくさんの人たち、新しい私を見つけてくれてありがとう。

この本が、誰かの旅のきっかけになればいいな、と心から願っています。

1996年12月吉日

田口ランディ

参考文献／『小鳥の歌―東洋の愛と知恵―』
（アントニー・デ・メロ著　谷口正子訳）女子パウロ会刊

解説——万物は流転する

平田好《よしみ》

田口ランディと初めて出会ったのは、一七、八年前のことである。私が勤務していた広告代理店に、馬場けい子という小柄な女の子が入社してきた。ババちゃんと呼ばれた彼女。のちに、結婚によって「田口」という姓になり、パソコン通信上で「ランディ」なるハンドルネームを授かる。しかし、当時、彼女自身も私も、田口ランディなる作家の誕生を夢にだにしていなかった。いや、それは嘘になる。なぜか私は、ババちゃんが作家になることを知っていたように感じる。なぜか。

ババちゃんと私は若かった。本書では、二三歳の田口ランディと、野村由美子という名前で私が登場する。まさしく、私たちは「人生に時間なんかありあまるほどあると思っていた」。仕事の合間に、今の私でない私、ここでないどこか、について話したものだ。私が聖橋の上で「メコン川の夕陽を見たい」などと口走ったのならば、ババちゃんは神田の居酒屋で、やがて書くであろう小説について語っていたはずである。

田口ランディがヴェトナムに携えていった書、『小鳥の歌』の一節。

「あなたの代わりに、あなたの意味を見つけられる人はいないのです」

この言葉は人に力を与える。

この言葉によって、彼女はホーチミン市のホテルから外に出る。お仕着せでない、ランディ自身によるヴェトナムの旅が始まる。

本書によれば、ランディは野村由美子のヴェトナム行き壮行会にて、『小鳥の歌』と出会ったそうである。しかし、それよりもずっと前から、彼女がババちゃんであったころから、この言葉を知っていたような気がする。そして、ランディは自分の意味を見つける旅をしてきたにちがいない。その過程において、他人との出会いを糧《かて》にして、自分のなかのいろいろな自分を見つけてきたことを知っている。だからこそ、彼女が作家・田口ランディとなった今になって、こうなることを私は予期していたかのような感覚がするのであろう。

本書は、田口ランディが初めて出版したエッセイ本の文庫化である。執筆・出版された一九九六年、私はヴェトナムの大学で日本語を教えるようになって一年が経っていた。ランディからの電話は突然であった。日本からの電話ではない。現地に到着してから電話してくるのだ。ホーチミン市に到着するまでも、宿泊しているホテルも、ひとにまかせっきりだったことも聞いた。これはヴェトナムをなめてかかっている。

ヴェトナムを旅してエッセイを書くと聞いて、ますます私は驚いた。一度だけ、それも一ケ月足らずの旅行で、本を書くとは不逞、と。ヴェトナムブームと言ってもいいほど、ヴェトナムに関するエッセイ、解説書が次々と出版されていた。一九八六年にドイモイ路線が提唱されて以来、対外経済開放が進み、一九九五年には、日本からの投資額が過去最高の数字を示していた。また、同年は、ヴェトナムにとっても、ふたつの意味で記念の年であった。ひとつは、ヴェトナム民主共和国として独立を達成してから五〇年目の「建国五〇周年」である。もうひとつは、一九七五年四月三〇日にサイゴンを解放してから二〇年目の「解放二〇周年」である。そのようななかで、さまざまな日本人がそれぞれの立場からヴェトナムについて語っていた。

ヴェトナムという国は、日本人にとって特異な近隣国である。抗米救国戦争（いわゆるヴェトナム戦争）の印象が強いために今でも戦争状態が続いていると思っているひとがいる一方で、女性雑誌では「おしゃれな国」として紹介される機会も増えてきた。日本人のヴェトナムに対する認識を他の近隣アジア諸国に対する認識と比較すると、個人による認識の幅や深さに大きな差があるように思う。

ランディにとってのヴェトナムは、「個人的には全く興味がない国」であった。なめてかかっている、といえども、白紙状態とはいいものである。妙な思い入れをもとに美辞麗句をならべたてることもなければ、偏見をもって自分に都合よく事実を切り取るようなこともない。こんなひとこそが、ヴェトナムを直視できる。

ヴェトナムを一ケ月近く旅行する場合、せっかくだからと北から南まで見て回りたくなるものである。ハノイ、サパ、ハーロン湾、フエ、ダナン、ニャチャン、ダラト、ホーチミン市、そしてメコンデルタと、ガイドブックをなぞるような行動をする旅行者も多い。しかし、これはランディに向かない。ヴェトナムの大地と海に深く、身を浸してほしかった。外国人向けのツアーに組み込まれることなど、もってのほかである。なめてかかってきたからには、反対にヴェトナムにベロベロとなめられるくらいの経験をしないと、日本に帰ってほしくない。

そんな気分で、電話でアドバイスというよりも、ペラペラとまくしたてた記憶がある。ランディにメコンデルタに行くことを勧めた私であるが、その時、まだメコンデルタに行ったことがなかった。現地の乗り合いバスに乗ることも勧めたが、自分から好んで乗りたいと思う代物でないことは百も承知である。不逞な輩《やから》は私のほうかもしれない。自分は慣れた土地で安全に暮らし、日本から来た旅行者に無謀な旅をそそのかしたのだから。

そうそう、私は三年間ヴェトナムに暮らしたが、一度も盗難などの被害にあったことはない。旅行も好きで、あちこち出歩いているが、ほかの土地でも危ないめにあったことがない。ランディも言っているが、異国の地で不幸を引き寄せる体質と、全く寄せ付けない体質があるようだ。もちろん、ランディも後者であることを知っていたからこそ、メコンデルタに深く入ることを勧めたのである。

結果は、本書をお読みになった読者諸氏もご存じのように、ランディは愉快な一ヶ月をすごして『忘れないよ！　ヴェトナム』ということになる。

なお、本書を手に取っている読者諸氏は、田口ランディ処女作を読もうと思って手に取ったことであろう。まさか、ヴェトナムについて知りたい、と思って読んでいるとは思わないのだが、念のために申し添えておく。

ヴェトナムは変化が激しい国である。本書で紹介されているヴェトナムは、一九九六年夏ごろのヴェトナムである。すでに四年以上の歳月を経ている。

この歳月がどれだけのものか。例えば、一九九六年にフエ大学附属「南学」日本語クラスを卒業した学生たちの多くが、ホーチミン市内および近郊の日系企業に就職した。二〇〇〇年秋に私がホーチミン市を訪問した際に、彼（女）らに会うと、そのほとんどが結婚していて、なんと自分の家を持っていた。社会人となってから四年にも満たない若者が家を買うということ。半額を頭金として支払い、残りを一〇年ローンで分割払いといっても、私たち日本人にとっては驚くべきことである。これは、けして富裕な若者が増えているという事実を伝えるものではない。四年間で、私の周りのひとびとだけをみても、これだけの変化が起きているのである。いたる所で、たいへんなスピードでものごとが変わっている。

ヴェトナムについて知りたいと思ったら、ヴェ・トナムに行くことである。私が言うまでもないであろう。本書を手に取った方々には、すでに「旅へのきっかけ」が伝染しているのだから。

ところで、本書で、ランディは「ヴェトナムは臭い！」と言っている。これは妊娠初期の症状であったことが、帰国後に判明した。身ごもったことも気づかないままヴェトナムを旅していたランディ。昔からタフだとは思っていたけど、ほんとに大《たい》したものである。そのときは、目に見えないほど小さかった桃ちゃん。彼女ももう四歳になる。

ランディとともに旅をした『小鳥の歌』と桃ちゃん。桃ちゃんは、どんどん成長して、私たちに時の流れを教えてくれる。『小鳥の歌』は、今、だれの手元にあるのだろうか。

時は流れて、万物は流転し、縁が巡り来る。しばらく日本に帰ってきていた私は、またヴェトナムで仕事することになる。ランディ、今度はヴェトナムで会おう。ヴェトナムのビールもおいしいよ。

——元・フエ大学附属「南学」日本語クラス教員

この作品は一九九六年十二月ダイヤモンド社より刊行されたものです。

忘《わす》れないよ! ヴェトナム

田口《たぐち》ランディ

平成13年4月25日　初版発行
平成14年8月20日　5版発行
発行者――見城　徹
発行所――株式会社幻冬舎
〒151-0051東京都渋谷区千駄ヶ谷4-9-7
電話　03(5411)6222(営業)
03(5411)6211(編集)
振替00120-8-767643
印刷・製本―図書印刷株式会社
装丁者――高橋雅之

万一、落丁乱丁のある場合は送料当社負担で
お取替致します。小社宛にお送り下さい。
定価はカバーに表示してあります。
Printed in Japan © Randy Taguchi 2001

幻冬舎文庫

ISBN4-344-40095-X　C0195　た-12-2